Basiswissen

Politik / Geschichte / Ökonomie

Gerhard Feldbauer

Vietnamkrieg

PapyRossa Verlag

3. Auflage 2023
2., durchgesehene Auflage 2019

© 2013 by PapyRossa Verlags GmbH & Co. KG, Köln
Luxemburger Str. 202, D-50937 Köln
Tel.: +49 (0) 221 – 44 85 45
Fax: +49 (0) 221 – 44 43 05
E-Mail: mail@papyrossa.de
Internet: www.papyrossa.de

Druck: Interpress

Die Deutsche Nationalbibliothek verzeichnet diese Publikation in
der Deutschen Nationalbibliografie; detaillierte bibliografische
Daten sind im Internet über http://dnb.d-nb.de abrufbar

ISBN 978-3-89438-532-3

Inhalt

Vorwort

Die internationale Lage ist gegenwärtig gekennzeichnet von einer wachsenden Kriegsbereitschaft der USA und ihrer Verbündeten in der NATO gegen Länder, die sich ihrer Vorherrschaft widersetzen. Sie versuchen damit, ihre weltweite Dominanz durchzusetzen. Die Kriege der USA seit Mitte der 1950er Jahre gegen die Völker Indochinas wurden mit genau demselben Ziel geführt. Mit dem Überfall auf Irak 2003 führten die USA erneut einen völkerrechtswidrigen Angriffskrieg mit unübersehbaren Parallelen zu Vietnam. Edward M. Kennedy sprach von »Bush's Vietnam«. Daniel Ellsberg, der die »Pentagon-Papiere«, die die Angriffsplanung gegen Vietnam entlarvten, in der *New York Times* publik machte, sagte, dass die im Irakkrieg verbreiteten Lügen, »denen des Vietnamkrieges in nichts« nachstehen. Der US-amerikanische Publizist und Pulitzerpreisträger Seymour Hersh, der seinerzeit die Massaker in My Lai enthüllen half, hielt fest, dass Soldaten der USA in Irak die gleichen sadistischen Verbrechen wie in Vietnam begehen.

Angesichts dieser Tatsachen ist es durchaus angebracht, sich erneut dem völkerrechtswidrigen Krieg zuzuwenden, den die USA in der Nachfolge der Kolonialmacht Frankreich seit 1955/56 mit einer von ihnen geschaffenen und dirigierten Saigoner Armee und Regierung sowie eigenen Luftangriffen, von 1965 bis 1975 auch mit eigenen Bodentruppen in Südvietnam, von 1964 bis 1968 und nochmals 1972 als Luftkrieg gegen Nordvietnam, führten, und das Handeln der sich gegenüberstehenden Kräfte darzustellen.

In der Literatur wird allgemein der Begriff »Vietnamkrieg«
verwendet, während die Vietnamesen ihn den »amerikanischen
Krieg« nennen. Wir halten für zutreffender, ihn als den Vietnamkrieg der USA zu bezeichnen. Einbezogen ist, dass in diesem Krieg Laos und später Kambodscha, wo die Befreiungsbewegungen ebenfalls niedergeschlagen werden sollten, die zweite
Front bildeten.

1. Von Da Nang bis Dien Bien Phu

Mit diesem Rückblick auf den antikolonialen und gegen das
in die Kolonialmacht Frankreichs integrierte Feudalsystem zu
beginnen, scheint zum Verständnis der folgenden Darlegung
des Kampfes gegen die Aggression der USA angebracht. Gehörten doch diese historischen Erfahrungen zu den entscheidenden
Grundlagen des 1975 errungenen Sieges über die stärkste im-
perialistische Macht.

Die Landung in Da Nang

Die koloniale Eroberung Vietnams durch Frankreich begann
am 31. August 1858 mit dem Überfall eines französischen Geschwaders auf die Hafenstadt Da Nang. Unter dem fadenschei-
nigen Vorwand, französische Missionare zu schützen, drangen
Truppen ins Landesinnere vor und eroberten einen Großteil
Vietnams. Die Masse der Bevölkerung setzte sich erbittert
zur Wehr, und auch der Kaiserhof von Hue leistete zunächst
Widerstand. Die französischen Kolonialisten benötigten fast
30 Jahre, um ganz Vietnam zu unterwerfen.

1884 kapitulierte der Hof und trat alle Souveränitätsrechte
an Frankreich ab. Zur besseren Beherrschung spalteten die Kolonialherren nach dem bekannten Prinzip des Teile und Herr-

sche das Land in drei Gebiete: Nordvietnam, Zentralvietnam und Südvietnam, die sie Tongking, Annam und Cochinchine nannten. In Zentralvietnam wurde unter der Kolonialmacht die vietnamesische Monarchie beibehalten. 1887 bildete Frankreich aus Vietnam und dem inzwischen ebenfalls kolonisierten Kambodscha die Indochinesische Union, zu der 1893 nach seiner Unterwerfung auch Laos hinzukam.

Zu Beginn des 20. Jahrhunderts war der vietnamesische feudale Machtapparat völlig in die Kolonialverwaltung integriert. Die Feudalklasse spielte jedoch nur eine Marionettenrolle. Alle Militär-, Polizei- und Verwaltungsfunktionen übte die Kolonialmacht aus. Die übrigen Klassen und Schichten Vietnams waren jeglicher politischer Rechte und Freiheiten beraubt. Auf dem Volk lastete das doppelte Joch des Kolonialismus und des einheimischen Feudalismus, dessen Marionettenherrschaft bis zum Sieg der Befreiungsrevolution 1945 anhielt.

Die Klasse der Feudalherren und Großgrundbesitzer konnte als Träger einer vorkapitalistischen Produktionsweise und Hauptverbündeter der Kolonialmacht bestimmten Einfluss auf die sozialökonomische und politische Entwicklung nehmen. Auf dem Lande trat sie auf der Provinz-, Kreis- und Gemeindeebene, gestützt auf den kolonialen Militär-, Polizei- und Justizapparat, als Beauftragter der Kolonialmacht auf. Im Austausch für die Hilfe, welche die Mandarine, Notabeln (Herzögen, Baronen usw. in Europa vergleichbar) und Großgrundbesitzer bei der Niederhaltung und Unterdrückung des vietnamesischen Volkes leisteten, hatten sie die volle Freiheit bei der Ausbeutung der Bauern. Grundlage ihrer Herrschaft auf dem Lande war, dass sie zusammen mit den Kolonialherren und in geringerem Maße der katholischen Kirche den Hauptanteil des Bodens, des wesentlichen Produktionsmittels der vorwiegend feudalen Produktionsweise der Landwirtschaft, besaßen.

Die Verteilung der Anbaufläche sah vor der Augustrevolution 1945 wie folgt aus: Die Großgrundbesitzer, die etwa fünf Prozent der Bevölkerung ausmachten, verfügten über knapp 50 Prozent der Gesamtanbaufläche, wovon die Hälfte ursprünglich Gemeindeländereien waren, die sie sich angeeignet hatten. Etwa ein Prozent der Anbaufläche befand sich im Besitz französischer Niederlassungen und 1,5 Prozent gehörten katholischen Missionen. Auf die Großbauern entfielen rund sieben, auf die Mittelbauern 29 Prozent Anbaufläche. Auf landarme Bauern, die etwa 75 Prozent der Landbevölkerung ausmachten, entfielen nur 10 Prozent des bebauten Bodens. Die restlichen Flächen gehörten Landarbeitern (Tagelöhnern). Einige Großgrundbesitzer, vor allem aus Südvietnam, waren – zumeist als Besitzer von Schnapsbrennereien – zugleich kapitalistische Unternehmer auf dem Lande oder lebten als Kompradorenschicht in den Städten. Die Größe des vietnamesischen Grundbesitzes war dabei im Allgemeinen nicht mit europäischen Maßstäben zu vergleichen. Nur in Südvietnam gab es Großgrundbesitzer, deren Land die 1000-Hektar-Grenze überschritt. Charakteristisch war, dass die Großgrundbesitzer ihren Boden meist verpachteten und von der Grundrente oder vom Wucher lebten. Die Bodenpacht betrug etwa die Hälfte der Ernte, bei den fruchtbaren Böden bis zu sechs Zehnteln. Darüber hinaus musste der Pächter die verschiedensten Abgaben von beträchtlichem Wert entrichten und Fronarbeit leisten.

Die entstandene vietnamesische Bourgeoisie umfasste im Wesentlichen eine nationale und eine Kompradorenschicht, zwei Gruppen, die neben den aus dem Profitstreben herrührenden gemeinsamen Klasseninteressen unterschiedliche wirtschaftliche und daraus resultierende politische Ziele verfolgten. Die Kompradorenbourgeoisie setzte sich aus Großgrundbesitzern, vor allem aus Südvietnam, vietnamesischen Unternehmern und Handelsagenten zusammen, deren Interessen weitgehend mit denen der Kolonialherren verbunden waren. Als exklusive Vertreter des französischen Kapitals besorgten sie für dieses den Aufkauf einheimischer Rohstoffe, handelten mit Importwaren französischer Monopole, traten als kleine Teilhaber französischer Industrie- und Handelsunternehmen bei, verschacherten nach Methoden eines modernen Sklavenhandels einheimische Arbeitskräfte an die Kolonialverwaltung sowie an Plantagen und andere Kolonialunternehmen und besorgten gegen entsprechende Bezahlung jede Art schmutziger Geschäfte. Ebenso wie die Klasse der Feudalherren und Großgrundbesitzer machte sich die Kompradorenbourgeoisie zum Feind der für die nationale Befreiung kämpfenden Volkskräfte.

Die Kolonialpolitik hatte eine typisch kolonial deformierte sozialökonomische Struktur hervorgebracht. Neben der ökonomisch und technisch äußerst rückständigen Landwirtschaft umfasste sie eine zwar verbreitete, aber technisch höchst primitive Handwerksproduktion zur Versorgung der Bevölkerung mit elementaren Konsumgütern und einen einfachen Warenhandel. Soweit es den Bedürfnissen des kolonialen »Mutterlandes« diente und entsprechenden Profit einbrachte, hatten sich eine Industrie und eine relativ moderne Plantagenwirtschaft entwickelt.

Unter Ausnutzung der billigen vietnamesischen Arbeitskräfte beuteten die französischen Gesellschaften nur die abbau- und profitgünstigsten Bodenschätze aus, vor allem Kohle, Zink und Chrom. Dadurch waren lediglich eine extraktive Industrie, eine Leichtindustrie, wie sie für die Bedürfnisse der Kolonialmacht benötigt wurde, eine Energiebasis, ein Dienstleistungsgewerbe für die entwickelten Städte, in denen die Vertreter der Kolonialmacht und die privilegierte vietnamesische Oberschicht lebten, und Plantagen für tropische Produkte wie Kaffee, Tee, Pfeffer und Kautschuk entstanden. Ausgehend von strategischen Gesichtspunkten und der Festigung der Kolonialherrschaft war das Verkehrsnetz (Eisenbahn und Straßen) für asiatische Verhältnisse recht gut entwickelt. Der vom Kolonialismus auf der Grundlage von Kapitalexport in Vietnam hervorgebrachte französische Wirtschaftssektor war sowohl von den Eigentumsverhältnissen als auch der ökonomischen Funktion her Bestandteil der Wirtschaft Frankreichs. Noch 1939 gehörten 97 Prozent der Kapitalanlagen in Indochina Franzosen, zwei Prozent anderen Ausländern und nur ein Prozent Vietnamesen.

Im Sektor einer einheimischen Hilfs- und Zuliefererindustrie sowie im Handels- und Verkehrswesen waren vietnamesische kapitalistische Betriebe entstanden. Vor allem hier entwickelte sich eine nationale Bourgeoisie. Sie war eine mittlere Bourgeoisie, zahlenmäßig und wirtschaftlich schwach und nicht in der Lage, der französischen Konkurrenz zu widerstehen, aber im Interesse ihrer Selbstbehauptung und Entwicklung Gegner des Kolonialregimes und, von ihren Klassenpositionen ausgehend, ein relativ aktiver Teilnehmer am politischen Kampf um die staatliche Unabhängigkeit. Bis zu einem bewaffneten Aufstand im Februar 1930 in Nordvietnam (Yen-Bai-Aufstand), der von der Kolonialmacht blutig niedergeschlagen wurde, war die nationale Bourgeoisie führende Kraft der nationalen Befreiungsbewegung. In der revolutionären Massenbewegung und dem Bauernaufstand von 1930/31 trat die junge Kommunistische Partei an die Spitze der Befreiungskämpfe, die Arbeiterklasse wurde führende Kraft der nationalen Bewegung. Das war ein in dieser Zeit für Südostasien einmaliger Vorgang, der zu einer entscheidenden Grundlage des Sieges der Augustrevolution 1945 und zur erfolgreichen Verteidigung der errungenen nationalen Unabhängigkeit erst gegen Frankreich und dann gegen die USA wurde. Die Bündniskonzeption der KP Vietnams war (nicht ohne Erfolg, wie die weiteren Ausführungen zeigen) darauf ausgerichtet, die nationale Bourgeoisie und selbst loyale Grundbesitzer in den nationalen Befreiungskampf einzubeziehen.

Die Kolonialpolitik hatte zur Folge, dass Vietnam nach seiner vorherrschenden sozialökonomischen Struktur ein kolonia-
les, halbfeudales und rückständiges Agrarland war. Die große
Bevölkerungsmehrheit lebte in einem unbeschreiblichen Elend.
Der vietnamesische Historiker Le than Khoi schrieb in seinem
Buch »Le Vietnam. Histoire et Civilisation« (Paris 1955), dass
es für die vietnamesischen Arbeiter keinen freien Sonntag gab,
keinen bezahlten Urlaub, keine gesundheitliche Betreuung,
keine Sozialversicherung, keine Arbeitslosenunterstützung. Für
die geringsten »Vergehen« gab es Prügelstrafen, Geldbußen und
Gefängnis. Auf den Plantagen in Südvietnam, wohin landlose
Bauern wie Sklaven verkauft wurden, starben jährlich Hunderte
an den Folgen der unmenschlichen Behandlung. Großbetrie-
be wie die Charbonnages (Kohlebergwerke) von Hong Gai in
Nordvietnam und die Kautschukplantagen im Süden unterhiel-
ten ihre eigene Polizei, einen eigenen Spitzelapparat zur Überwachung der Arbeiter und eigene Gefängnisse. Im Tagebau von
Hong Gai mussten die Grubenarbeiter wie Strafgefangene auf
der Arbeitskleidung Nummern tragen. Ihre elendige Lage beschrieb der US-amerikanische Journalist H. A. Frank in einem
1926 in London erschienenen Buch mit dem Titel »East of
Siam«: »Es sind arme Sklaven, in armselige Lumpen gehüllt,
und schwach ist die Hand, welche die Hacke schwingt. Die
Sonne brennt erbarmungslos, die Arbeit ist kräftezehrend, doch
sie bringt nur wenig ein. Es gab dort auch Frauen – und vor
allem, hinter den Kohlekarren, kleine Kerlchen von kaum 10
Jahren; ihre von Erschöpfung gezeichneten, mit Kohlenstaub
bedeckten Gesichter aber glichen denen von Vierzigjährigen.
Ihre nackten Füße waren von einer harten Kruste bedeckt.
Ohne Pause trotteten sie durch den Staub.«

Die verheerenden Folgen der 1929 ausbrechenden Welt-
wirtschaftskrise erfassten, und das in noch schlimmerer Weise als die kapitalistischen Industrienationen, auch die kolonial

unterdrückten Länder, darunter das mit der Ökonomie des
französischen »Mutterlandes« als abhängiges Anhängsel verbun-
dene Vietnam. Zu dieser Zeit betrug das Jahreseinkommen der
220.000 Industrie- und Plantagenarbeiter und der über neun
Millionen feudalabhängigen Bauern nur sechs Prozent dessen,
was französische Arbeiter erhielten. Eine furchtbare Hungersnot raffte über 100.000 Menschen dahin. Der französische
Geograph Pierre Gourou schrieb in seinem Buch »L'Asie«
(Paris 1954): »Hunger und Elend haben die tongkinesischen
und annamitischen Bauern gezwungen, auf Insekten Jagd zu
machen, die sie dann gierig verzehren. In Tongking fängt man
Heuschrecken, Grillen, Eintagsfliegen, sammelt einige Raupen
und Bambuswürmer und schreckt auch nicht davor zurück, die
Puppen der Seidenraupe zu essen. Jedermann weiß, dass dort
ständig Hungersnot herrscht.«

In diesem unbeschreiblichen Elend wuchs der Hass gegen
die Unterdrücker, wurde immer mehr Vietnamesen die Er-
kenntnis vermittelt, dass sie nichts zu verlieren hatten als ihre
Ketten. Diese Einsicht wurde zur maßgeblichen Triebkraft des
nationalen Befreiungskampfes, an dem schließlich Millionen
teilnahmen, erst gegen Frankreich, dann gegen die USA.

Das Volk stellte den antikolonialen Widerstand nie ein.
Die schwer zugänglichen bergigen Dschungelgebiete boten
den Partisanen relativ guten Schutz vor der Verfolgung durch
die Kolonialtruppen. 1884 begann ein Aufstand, der erst 1905
abebbte. Zahlreiche Gelehrte unterstützten den Widerstand,
darunter von 1885 bis 1895 eine »Revolte der Gebildeten«.
1904/05 gründete der Publizist Phan boi Chau eine »Liga zur
Erneuerung Vietnams«, welche die Unabhängigkeit Vietnams
in Gestalt einer Monarchie forderte. Später trat Phan boi Chau
für eine vietnamesische Republik ein. 1925 wurde er zum Tode
verurteilt. Eine breite Protestbewegung, die auch aus Frankreich Unterstützung erhielt, setzte seine Freilassung durch.

Ende des 19. Jahrhunderts entstand unter dem Bauernführer Hoang hoa Tham, genannt De Tham, erstmals eine gut geführte Partisanenarmee. Ihr Widerstand ließ erst nach, als der französische Geheimdienst 1913 De Tham ermordete. 1924 verübte der kleinbürgerliche Revolutionär Pham hong Thai im chinesischen Kanton gegen den französischen Generalgouverneur von Indochina, Martial Merlin, ein Bombenattentat. Es misslang. Auf der Flucht vor der britischen Polizei beging Pham hong Thai Selbstmord.

Die Wende im antikolonial-antifeudalen Befreiungskampf setzte mit der Ankunft Ho chi Minhs 1925 im chinesischen Kanton ein. In Moskau war er als Delegierter auf dem V. Weltkongress der Kommunistischen Internationale in das Büro für Kolonialfragen gewählt worden. In der vietnamesischen Kommune »Tam Tam« (Bund der Herzen) in Kanton sammelte er die nach China emigrierten vietnamesischen Revolutionäre und bereitete mit ihnen die Gründung einer kommunistischen Partei vor, die am 3. Februar 1930 in Kanton entstand.

Zum Umschwung des Widerstandes führten die revolutionären Massenkämpfe 1930/31. Im September 1930 brach in den Provinzen Zentralvietnams Nghe An und Ha Tinh ein Bauernaufstand aus, an dessen Spitze sich die gerade gegründete Kommunistische Partei stellte, die ihm einen organisierten und zielgerichteten Charakter gab. Mit Unterstützung der Arbeiter entstanden vietnamesische Sowjets als revolutionäre Machtorgane, die das Gemeindeland, das Großgrundbesitzer und Feudalherren sich angeeignet hatten, an die Bauern verteilten und politische und sozialökonomische Reformen einleiteten. Mehr als 30.000 Kämpfer umfassende Rote Garden verteidigten die Sowjetgebiete über acht Monate gegen eine militärische Übermacht von über 100.000 Mann der Kolonialtruppen. In den Roten Garden kämpften Militärkader, die Ho chi Minh zum Studium an die Militärakademie der Roten Armee nach

Moskau und an die Militärische Lehranstalt Huang Pu bei Kanton, an der sowjetische sowohl Militärs Offiziere der Volksbefreiungsarmee als auch der Truppen Tschiang Kai-sheks in der Periode der Einheitsfront ausbildeten, delegiert hatte.

Die *Humanité* berichtete am 27. März 1931, dass dem Mordterror der Kolonialmacht Zehntausende Teilnehmer an den Kämpfen zum Opfer fielen, Dutzende Dörfer dem Erdboden gleich gemacht, Tausende Häuser niedergebrannt wurden. Viele Mitglieder des Zentralkomitees der KP Vietnams fielen der Polizei in die Hände. Unter den Toten befand sich der Führer der Sowjetbewegung, das ZK-Mitglied Pho nguyen Sac. Der erste Generalsekretär Tran Phu starb an den Folgen grausamer Folterungen. Ho chi Minh, der nach China entkam, wurde in Vinh in Abwesenheit zum Tode verurteilt. Die meisten Kommunisten in den Reihen der Sowjets besiegelten ihre Treue zur Revolution mit dem Tode.

Die revolutionäre Massenbewegung und die Sowjets 1930/31 bildeten nach einer Einschätzung Ho chi Minhs das Vorspiel zur siegreichen Augustrevolution von 1945. Sie bewiesen, dass die Arbeiterklasse und die kommunistische Partei die Führung des nationalen Befreiungskampfes übernommen hatten.

Die Augustrevolution

Im Zweiten Weltkrieg besetzte Japan im Frühjahr 1940 Vietnam. Die französischen Kolonialtruppen leisteten kaum Widerstand. Der von den Vichy-Behörden eingesetzte Gouverneur, Admiral Decoux, überließ Tokio Indochina mit allen französischen Luftwaffen- und Marinestützpunkten als Aufmarschbasis zur Fortsetzung seiner Aggressionen in Südostasien. Dafür ließ die japanische Besatzungsmacht die französische Kolonialverwaltung unter ihrer Herrschaft weiter amtieren.

Am 6. Februar 1941 traf Ho chi Minh aus China kommend in der nordvietnamesischen Provinz Cao Bang ein und übernahm die Leitung des Befreiungskampfs. Das Zentralkomitee der KP beriet die Aufgaben zur nationalen Befreiung Vietnams vom Joch des französischen und japanischen Imperialismus und schlug vor, eine nationale Einheitsfront zu bilden. Sie entstand am 19. Mai 1941 auf einem Kongress der Vertreter der verschiedenen Volksschichten in Gestalt der Vietnam doc Lap Dong Minh, der Liga für die Unabhängigkeit Vietnams. Sie ging unter dem legendären Namen Viet Minh in die Geschichte ein. Sie vereinte breite Kreise der Bevölkerung: Arbeiter und Bauern, Vertreter der Intelligenz, der verschiedenen Schichten des Kleinbürgertums und der nationalen Bourgeoisie, Söhne von Mandarinen, buddhistische Mönche, Angehörige der nationalen Minderheiten, aber auch vietnamesische Soldaten aus der französischen Kolonialarmee. Am 22. Dezember 1944 stellte der 31-jährige Lehrer Vo nguyen Giap, der spätere Verteidigungsminister der Demokratischen Republik Vietnam, die erste bewaffnete Abteilung auf, die zur Basis der Volksarmee wurde. Bis zum Sommer 1945 befreiten ihre Einheiten den größten Teil des Nordostens.

Am 9. März 1945 beseitigte Japan die französische Kolonialherrschaft und proklamierte mit dem vietnamesischen Kaiser Bao Dai einen »unabhängigen« vietnamesischen Staat. Wo die französischen Kolonialbehörden sich unterordneten, ließ die japanische Besatzungsmacht sie weiter amtieren. Die Viet Minh rief zum Befreiungskampf gegen die japanischen Aggressoren auf. In ganz Nordvietnam wurden die japanischen Besatzungstruppen vertrieben. Nur die Städte befanden sich noch in ihrer Hand. Während die Befreiungsfront im Rahmen des Kampfes der Anti-Hitler-Koalition einen aktiven Beitrag zur Zerschlagung des japanischen Militarismus leistete, arbeiteten die kollaborierenden und deshalb im Amt belassenen vichyhörigen französischen Kolonialbehörden weiter mit den Okkupanten zusammen.

Die am 9. August 1945 begonnene Fernostoffensive der UdSSR, in deren Verlauf die 1,2 Millionen Mann starke japanische Kwantung-Armee zerschlagen, die Mandschurei und Nordkorea befreit wurden, schuf günstige Voraussetzungen für den erfolgreichen Verlauf der Befreiungsbewegungen in China und in weiteren asiatischen Ländern, darunter in Vietnam. Die Viet Minh rief nun zum bewaffneten Aufstand gegen die japanischen Okkupanten und die französischen Kolonialisten auf. Am 19. August nahmen die Aufständischen Hanoi ein, am 23. August wurde die rote Fahne mit dem gelben Stern über der Kaiserstadt Hue gehisst. Am 25. August dankte Bao Dai ab und übergab die Macht an die Vertreter des Nationalen Befreiungskomitees. Die vietnamesische Augustrevolution hatte gesiegt. Auf einem Nationalkongress beschloss die Viet Minh, die Macht zu übernehmen, und erklärte ihr Nationalkomitee zur revolutionären provisorischen Regierung.

Die Demokratische Republik Vietnam (DRV)

Am 2. September 1945 proklamierte Ho chi Minh auf dem Ba Dinh-Platz in Hanoi vor dem ehemaligen Gouverneurspalast vor einer halben Million Einwohnern die Gründung der Demokratischen Republik Vietnam. Seine Worte glichen fast denen der amerikanischen Unabhängigkeitserklärung von 1776: »Alle Menschen sind gleich erschaffen. Von ihrem Schöpfer wurden sie mit bestimmten unveräußerlichen Rechten ausgestattet, darunter dem Recht auf Leben, auf Freiheit und auf das Streben nach Glück.« Nach über einem halben Jahrhundert Kolonialherrschaft hatte Vietnam seine nationale Unabhängigkeit wieder errungen. Die Unabhängigkeitserklärung endete mit den Worten: »Das vietnamesische Volk ist entschlossen, all seine geistigen und materiellen Kräfte aufzubieten, Leben und Besitz zu opfern, um sein Recht auf Freiheit und Unabhängigkeit zu behaupten.« Im August 1945 siegte in

Vietnam zum ersten Mal in einem kolonial-feudalen Land eine nationale Befreiungsrevolution mit der KP an der Spitze. Diese Revolution leitete gleichzeitig den Zerfall des imperialistischen Kolonialsystems ein.

Paris ignorierte die Proklamation der DRV und setzte für Indochina einen Hochkommissar ein. Am 23. September 1945 begannen französische Truppen, Saigon und größere Gebiete Südvietnams zu besetzen. Im Süden begann der bewaffnete Widerstand gegen die erneute französische Okkupation. Angesichts der starken Positionen der Volksarmee in Nordvietnam hielt sich Frankreich dort noch zurück. Ein Grund dafür war auch, dass aus China 200.000 Mann Tschiang-Kai-shek-Truppen einfielen, die in Absprache mit den USA die Volksmacht beseitigen und ein eigenes Regime errichten wollten.

Am 6. Januar 1946 wurde in Vietnam zum ersten Mal eine Nationalversammlung gewählt. Zugelassen waren auch politische Parteien und Gruppen, die der Viet Minh nicht angehörten. Die Viet Minh belegte 230 der 300 Sitze. Am 2. März wurde Ho chi Minh zum Präsidenten der DRV gewählt. Frankreich erkannte nun im Rahmen einer mit der Regierung in Hanoi geschlossenen Convention Préliminaire die DRV völkerrechtlich an. Trotzdem provozierten die Kolonialtruppen im Süden weiterhin bewaffnete Auseinandersetzungen mit der Vietnamesischen Volksarmee. Am 28. Mai 1946 wurde die Viet Minh zur Vereinigten Nationalen Front Lien Viet erweitert, die sich das Ziel stellte, alle patriotischen Parteien und alle patriotischen Kräfte, ungeachtet der sozialen Herkunft, Religion, politischen Überzeugung und ethnischen Zugehörigkeit zu vereinen. In der Öffentlichkeit und selbst in offiziellen Erklärungen wurde für die Bezeichnung der Nationalen Front in den Jahren des antikolonialen Widerstandes weiterhin meist der legendäre Name Viet Minh verwendet.

Nach Verhandlungen in Fontainebleau bei Paris schlossen

Frankreich und die DRV ein Modus-Vivendi-Abkommen. Es sah vor, alle offenen Fragen durch Verhandlungen zu lösen und in Südvietnam das Feuer einzustellen. Ho chi Minh ging in der Kompromissbereitschaft so weit, bei einer Anerkennung der vollen Souveränität und territorialen Integrität der DRV einer Mitgliedschaft in der gerade von Frankreich mit seinen Kolonien und überseeischen Gebieten gebildeten Französischen Union zuzustimmen. Grundlage der Politik der DRV war ihre erste Verfassung, welche die Nationalversammlung am 8. November 1946 beschloss.

Paris sabotierte die Beschlüsse über eine einvernehmliche Regelung. Am 23. November kam es zu einem bewaffneten Zwischenfall im Hafen von Haiphong. Französische Artillerie beschoss die Stadt, etwa 6.000 Zivilisten wurden getötet. Danach rückten französische Truppen in Haiphong ein, stießen auf Hanoi vor und griffen es am 19. Dezember an. Ho chi Minh rief zum bewaffneten Widerstand auf. Hanoi verteidigte sich bis zum 17. Februar 1947 gegen die französische Übermacht.

Während der Kämpfe wurden Betriebe und die zentralen Regierungsstellen in die nordwestlichen Bergregionen des Viet Bac evakuiert. Dort kam es im Oktober zur ersten großen Schlacht, in der die Volksarmee die Offensive der Kolonialtruppen zurückschlug und die Illusion von einem Blitzsieg zerschlug. Am 8. März 1949 setzte Frankreich unter Bao Dai eine Marionettenregierung ein.

In den befreiten Gebieten fand vom 11. bis 19. Februar 1951 der 2. Parteitag der KPV statt. Die Delegierten vertraten 760.000 Parteimitglieder. Der Kongress beschloss, den Widerstand bis zur Wiedererringung der nationalen Unabhängigkeit zu führen, einen Kurs in Richtung Sozialismus einzuschlagen und sich als Ausdruck der in der Partei zusammengeschlossenen verschiedenen Volksschichten den neuen Namen »Partei der Werktätigen Vietnams« (PWV) zu geben.

Dien Bien Phu

Im September/Oktober 1950 befreite die Volksarmee die Grenzgebiete zu der am 1. Oktober 1949 entstandenen Volksrepublik China, von der die DRV jetzt militärische Unterstützung erhielt und über deren Gebiet auch sowjetische Hilfe umfangreicher erfolgte. Vom November 1951 bis Januar 1952 erlitt die Kolonialmacht in der Schlacht um Hoa Binh zirka 60 km westlich von Hanoi eine vernichtende Niederlage. 1952 befand sich Bac Bo, der Nordwesten des Landes, fast durchgehend in der Hand der Viet Minh.

Im November 1953 führte die DRV die allgemeine Wehrpflicht ein. Die Volksarmee zählte sechs Infanteriedivisionen, eine sogenannte schwere Division sowie mehrere selbständige Regimenter. 350.000 Soldaten standen unter Waffen. Das Expeditionskorps hatte nach eigenen Angaben eine Stärke von rund 250.000 Mann, davon 76.000 Franzosen, zirka 20.000 Fremdenlegionäre, 58.000 Afrikaner, der Rest Vietnamesen.

Am 2. Februar 1950 nahmen die USA diplomatische Beziehungen zur Marionettenregierung unter Bao Dai auf. Am 16. Februar ersuchte Frankreich die USA um langfristige militärische und wirtschaftliche Hilfe. Die französischen Streitkräfte in Indochina erhielten seitdem neuere Kampftechnik, vor allem Flugzeuge, aus den USA. In Saigon wurde eine »Militärische Unterstützungs- und Beratergruppe der USA« (MAAG) mit zunächst 70 Mann stationiert.

Am 4. Dezember 1953 beschloss die Nationalversammlung der DRV das Dekret über eine Bodenreform. Das Land der französischen Kolonialisten und derjenigen vietnamesischen Großgrundbesitzer, die sich als Feinde der DRV erwiesen hatten, wurde entschädigungslos enteignet und an fünf Millionen arme Bauern verteilt. Großgrundbesitzer, die sich im Befreiungskampf auf die Seite der Volksmacht gestellt oder sich auch nur loyal verhalten hatten, wurden für Grund und Boden,

Vieh und Technik entschädigt und durften ihr übriges Eigentum behalten. Die Bodenreform, mit der die Bauern auch von allen feudalen Abgaben und sonstigen feudalen Lasten befreit wurden, festigte die Volksmacht nicht nur politisch und ökonomisch entscheidend, sondern auch militärisch. Sie stellte das Bündnis der Arbeiterklasse mit den Bauern, welche die Mehrheit der Kämpfer der Volksarmee stellten, auf eine feste Grundlage. Die Soldaten der Marionettenarmee erhielten Bodenanteile zugesichert, wenn sie deren Reihen verließen.

Am 8. Mai 1953 setzte Paris den General Henri Navarre, zuletzt Chef des Stabes beim Oberbefehlshaber der NATO in Zentraleuropa, als Oberkommandierenden der Kolonialarmee in Indochina ein. Der Vier-Sterne-General ließ die in einem Talkessel nahe der laotischen Grenze liegende Siedlung Dien Bien Phu zur waffenstarrenden Festung samt einem Militärflugplatz mit mehreren Landebahnen, einer von einem Gürtel mit auf sechs Hügeln liegenden selbständigen Stützpunkten umgebenen Kommandozentrale ausbauen. Kommandant der Festung wurde der Oberst der Panzertruppen Ferdinand de la Croix de Castries.

In Dien Bien Phu wurden rund 16.000 Mann der besten Truppenteile stationiert, durchweg kriegserfahrene Kolonialbataillone, darunter fast die Hälfte Fallschirmjäger und viele Fremdenlegionäre, von denen nicht wenige während des Zweiten Weltkrieges der deutschen Waffen-SS-Division »Charlemagne« oder der »Légion des Volontaires Français contre le Bolchevisme« angehört hatten. Die Festung verfügte über 170 Kampfflugzeuge.

Navarre wollte die Volksarmee zu verlustreichen, kräftezehrenden Angriffen auf seine Festung provozieren, um sie dann vor deren Toren in einer Feldschlacht zu vernichten. Der Plan ignorierte völlig die gewachsenen militärischen Möglichkeiten der Volksarmee. General Giap verfügte inzwischen, unbemerkt von der französischen Aufklärung, in ausreichender Zahl über schwere Artillerie, Feldhaubitzen und Kanonen, der Zeit entsprechende Flak und rückstoßfreie Geschütze. Die Vietnamesen transportierten die schweren Geschütze – jedes wog über zwei Tonnen – in Einzelteile zerlegt ohne Zugmittel über die zerklüfteten Berge und brachten sie gegenüber der Festung in Höhlen in Stellung.

Die Schlacht von Dien Bien Phu ist später gelegentlich in zwar hinkenden, aber nicht ganz unberechtigten Vergleichen als ein kleines Stalingrad bezeichnet worden. Denn in der Endphase der Schlacht war Navarre nicht mehr in der Lage, die eingeschlossene Festung auch nur minimal mit Nachschub zu versorgen. Die vietnamesische Flak, mit der überhaupt nicht gerechnet worden war, schoss die meisten Transportmaschinen ab. Und das, obwohl viele der eingesetzten US-amerikanischen B-26 zuletzt von Air-Force-Piloten mit Koreaerfahrung geflogen wurden.

Die Volksarmee begann nicht mit einem Generalangriff auf das gesamte Befestigungssystem, sondern eroberte die einzelnen Stützpunkte nacheinander. Das erste, Béatrice genannte Fort, wurde nach schwerer Artillerievorbereitung innerhalb nur eines Tages und einer Nacht gestürmt.

Mitte März verhandelte der Chef des französischen Generalstabes, Paul Ely, im Auftrag von Verteidigungsminister Jean Pleven in Washington mit dem Chef der Vereinigten Stabschefs, Admiral Radford, über eine »entscheidende Aufstockung« der US-Hilfe. Es ging nicht mehr nur um Munition und Flugzeuge, sondern um Truppentransporter mit Infanterie, Artillerie, Fallschirmtruppen, B-29-Bomber. Selbst den »Abwurf der Atombombe auf Ho chi Minhs rückwärtige Gebiete« brachte Ely vor. Admiral Radford gehörte zu den Hardlinern im Pentagon. Nach dem Eingreifen der Chinesen in Korea hatte er über der Mandschurei ein paar Atombomben ausklinken wollen.

Präsident Eisenhower, selbst Militär, wollte damals ein derartiges Risiko, das Moskau hätte auf den Plan rufen können, nicht eingehen. Während Radford auch jetzt dafür war, den »großen Knüppel« (die Atombombe) anzuwenden, lehnte Eisenhower, der Ely empfing, auch diesmal ab, sagte aber den Abwurf von Napalm durch C-119 der US Air Force (USAF) auf die Belagerer von Dien Bien Phu zu, außerdem die Verstärkung bereits eingesetzter B-26 mit US-Piloten, ebenso Hilfslieferungen an Waffen und Nachschub, in dem von Paris geforderten Umfang. Was Ely nicht erfuhr: Eisenhower wartete in Wirklichkeit auf die Niederlage der Franzosen, damit die USA ihre Stelle einnehmen konnten.

Am 7. Mai 1954 ging Eisenhowers Hoffnung in Erfüllung. Am 1. Mai nahm die Volksarmee die letzten beiden Stützpunkte »Claudin« und »Junon« ein. Um den Mythos von der heldenhaft kämpfenden Besatzung in Dien Bien Phu hochzuhalten, wurde Oberst de Castries zum Brigadegeneral befördert. Er selbst und seine Besatzung wurden in einem Tagesbefehl »leuchtende Beispiele« der Verteidigung der »Ehre Frankreichs« genannt.

Am 7. Mai erschienen über den letzten Stellungen der Festung weiße Fahnen. Am Nachmittag ging auf Widerstandsnester, aus denen noch geschossen wurde, eine letzte Salve der vietnamesischen Artillerie nieder. Dann stürmten die Soldaten, ohne noch auf Widerstand zu stoßen, zum Bunker de Castries' vor, auf dem ebenfalls ein großes schneeweißes Bettlaken lag. Ein vietnamesischer Zugführer nahm ihn mit seinen Offizieren gefangen. Auf dem Bunker wurde die rote Fahne mit dem gelben Stern aufgezogen.

Nach 55 Tagen war die Schlacht um Dien Bien Phu zu Ende. Die Niederlage läutete das Ende der französischen Kolonialherrschaft in Vietnam und in ganz Indochina ein. Insgesamt fielen während des Kolonialkrieges etwa 92.000 französische

Soldaten. Zusammen mit Verwundeten und Gefangenen waren
es, die Verluste der Marionettenarmee mitgerechnet, 466.172
Mann. Auf Seiten der DRV kamen über 800.000 Menschen
ums Leben, ein großer Teil Zivilisten, die Vergeltungsaktionen
und Bombardements zum Opfer fielen. Nach den Ursachen
des Sieges befragt, erklärte Giap gegenüber *Le Monde*: »Rufen
Sie sich die Französische Revolution in das Gedächtnis zurück,
erinnern Sie sich an Valmy und Ihre schlecht bewaffneten Soldaten gegenüber der preußischen Berufsarmee. Trotzdem sieg-
ten Ihre Soldaten. Um uns zu verstehen, denken Sie an diese
historischen Stunden Ihres Volkes. Suchen Sie die Realität. Ein
Volk, das für seine Unabhängigkeit kämpft, vollbringt legendäre Heldentaten.«

2. Die neuen Kolonialherren

USA sabotieren Genfer Indochina-Abkommen

Die Niederlage in Vietnam schloss das Ende der französischen
Kolonialherrschaft in ganz Indochina ein. Bereits einen Tag
nach dem Fall von Dien Bien Phu begannen in Genf Verhand-
lungen über die Forderungen der Völker von Vietnam, Laos
und Kambodscha nach Anerkennung ihrer Unabhängigkeit.
Daran nahmen von vietnamesischer Seite die DRV sowie die
Bao Dai-Regierung teil. Des Weiteren Kambodscha und Laos,
Frankreich, Großbritannien, die USA, die VR China und die
UdSSR.

Am 20./21. Juli 1954 wurden die Indochina-Abkommen
unterzeichnet, welche die Unabhängigkeit, Souveränität und
territoriale Integrität von Vietnam, Laos und Kambodscha anerkannten. Das französisch-vietnamesische Kommando und das
der vietnamesischen Volksarmee vereinbarten die Einstellung
der Kampfhandlungen in Vietnam. Am 17. Breitengrad wurde

eine 65 km lange entmilitarisierte Demarkationslinie von zirka
800 qkm festgelegt, die Vietnam vorübergehend in eine nörd-
liche und eine südliche Zone teilte. Von ihr hieß es ausdrück-
lich, dass sie »eine provisorische Linie ist und in keiner Weise
als politische oder territoriale Trennung ausgelegt werden darf«.
Die Streitkräfte der DRV und der Bao Dai-Regierung hatten
sich jeweils in die Gebiete nördlich bzw. südlich des 17. Breitengrads zurückzuziehen. Spätestens bis 26. Juli 1956 sollten
in ganz Vietnam allgemeine, geheime und freie Wahlen zu
einem gemeinsamen vietnamesischen Parlament und danach
die Bildung einer Regierung stattfinden. Die Abkommen legi-
timierten den Widerstand der DRV gegen die erneute koloniale Besetzung durch Frankreich seit 1946. Eine Internationale
Kontrollkommission (ICC) aus Vertretern Kanadas, Indiens
und Polens sollte ihre Einhaltung überwachen.

Die USA lehnten die Abkommen ab. Staatssekretär Bedell
Smith verweigerte seine Unterschrift unter die Schlussdeklara-
tion und verlas eine »Sondererklärung«, in der er die Abkommen
lediglich »zur Kenntnis« nahm. Präsident Eisenhower erklärte:
»Die USA haben die Beschlüsse der Konferenz nicht ratifiziert
und folglich sind sie nicht an sie gebunden.« Der Vertreter Bao
Dais protestierte gegen die inhaltlichen Vereinbarungen.

»Roll back« des Sozialismus in Asien

Der französischen Niederlage in Indochina waren die der USA
1949 in China und 1953 in Korea vorausgegangen. Im Ergebnis
weiterer nationaler Befreiungskämpfe waren zahlreiche unabhängige Nationalstaaten entstanden. Die UdSSR hatte das Atomwaf-
fenmonopol der USA gebrochen, ihr Ansehen war im ständigen
Wachsen begriffen. Die USA wollten die zu ihren Ungunsten
verlaufene Entwicklung umkehren. Anfang 1953 hatte Eisenhower die Doktrin des »Roll back« des Sozialismus verkündet,
die eine Zurückdrängung und schließlich die Niederschlagung

nationaler Befreiungsbewegungen bzw. die Unterwerfung unabhängiger Nationalstaaten unter die Vorherrschaft der USA einschloss. Die USA begannen, in Asien ein militärisches Stützpunktsystem von den japanischen Hauptinseln über Okinawa, Südkorea, Taiwan, die Philippinen bis nach Australien auf- bzw. auszubauen. Vietnam sollte darin nach Südkorea, wie Außenminister John Foster Dulles es formulierte, ihr zweiter »Brückenkopf« auf dem asiatischen Festland werden, um so die Einkreisung der VR China und der UdSSR zu vervollständigen. Am 9. September 1954 wurde mit der SEATO das asiatische Pendant zur NATO gegründet. Sie erklärte Vietnam, Laos und Kambodscha zu ihren »Schutzgebieten«. Die Stoßrichtung gegen die UdSSR und die VR China kam in der Charakterisierung als »Verteidigungsbund gegen die kommunistische Gefahr« zum Ausdruck. Die »Schutzgebiets«-Klausel diente später als Vorwand, dass sich Australien, Neuseeland, Thailand und die Philippinen mit Truppen am Krieg der USA gegen Vietnam beteiligten bzw. dazu auch ihr Territorium zur Verfügung stellten.

Ngo dinh Diem wird an die Macht gehievt

Im Juni 1954 hob CIA-Chef Allen Welsh Dulles, der Bruder des Außenministers, in Saigon die erste Marionettenregierung unter dem fanatischen Antikommunisten Ngo dinh Diem in den Sattel. Diem war 1950 in Japan von der CIA angeworben und danach in den USA zwei Jahre auf seine künftige Arbeit in Südvietnam vorbereitet worden. Mit ihm wurde die Macht des profranzösischen Kaisers Bao Dai, der gleichzeitig südvietnamesischer Staats- und Regierungschef war, eingeschränkt. Diem entstammte einer reichen Großgrundbesitzerfamilie und fühlte sich eng mit dem reaktionären Katholizismus verbunden. Mit ihm sicherten sich die USA die Unterstützung der halbfeudalen Kaste, zu der die meisten der in Nordvietnam während der Agrarreform enteigneten Großgrundbesitzer hinzugekommen waren. Weitere Stützen Diems wurden die, mit den kolonialistischen Strukturen verflochtene und von ihnen profitierende Bourgeoisie, Kompradoren und andere von seiner Korruption, Vetternwirtschaft und maßlosen Verschwendungssucht profitierende bourgeoise Kreise. Lange Zeit bildeten auch viele der etwa eine Million aus dem Norden nach Süden geflüchteten Vietnamesen, von denen ungefähr 800.000 vorwiegend kleinbürgerliche Katholiken waren, eine Basis des Diem-Regimes. Den Flüchtlingsstrom hatte der katholische Klerus auf Weisung von Kardinal Spellman, des erzreaktionären New Yorker Erzbischofs, unter der Losung vorangetrieben: »Die Mutter Gottes ist nach dem Süden gegangen.« Viele von ihnen wurden vor dem Abzug der französischen Truppen aus Nordvietnam von französischen und US-amerikanischen Kriegsschiffen in Haiphong aufgenommen und nach Südvietnam transportiert. Gegen Diem und die Einmischung der USA formierten sich von Anfang an auf breiter Basis Opposition und Widerstand.

Ho chi Minh hätte freie Wahlen gewonnen

Diem war wie Washington der Meinung, dass die in Genf festgelegten freien Wahlen für ganz Vietnam im Süden um jeden Preis verhindert werden mussten, weil, wie der Publizist Walter Lippmann in der *New York Herald Tribune* am 21. April 1955 schrieb, »Ho chi Minh diese gewinnen würde«. Präsident Eisenhower bekannte in seinen Memoiren »Mandate for Change«: »Ich habe mit keinem Indochina-Experten gesprochen, der nicht mit mir einer Meinung war, dass, würde es zu Wahlen kommen, wahrscheinlich achtzig Prozent der Bevölkerung für den Kommunisten Ho chi Minh stimmen würden.«

Offiziell behauptete Diem, die DRV verhindere freie Wahlen. Ho chi Minh entlarvte dies als Heuchelei, indem er in der Partei- und Regierungszeitung *Nhan Dan* am 17. November 1955 und nochmals am 25. Februar 1956 eine Reihe von Ga rantien für die Wahlen vorschlug, darunter den Austausch von Wahlrednern aus Nord und Süd. Diem lehnte jedoch Verhandlungen mit der DRV über Wahlen ab. Die USA schlossen ihr Konsulat in Hanoi und brachen alle Beziehungen zu Nordvietnam ab.

Frankreich versuchte, Positionen in der Verwaltung, der Wirtschaft sowie im Bereich der Kultur und der Buddhisten, die sechs von den 14 Millionen Einwohnern Südvietnams ausmachten, zu behaupten. Der französische Einfluss ging jedoch spürbar zurück, als die USA Diem 1955 veranlassten, Bao Dai zu entmachten, eine »Republik Vietnam« auszurufen und sich selbst zu deren Präsidenten. Mit dieser Proklamation versuchten die USA, ihrer neokolonialen Vietnampolitik ein »demokratisches Mäntelchen« umzuhängen und zu verschleiern, dass sie in Südvietnam als neue Kolonialmacht handelten. In einer Erklärung des State Departement vom 11. Juni 1956 hieß es unmissverständlich, dass es in Südvietnam darum gehe, »eine vietnamesische, antikommunistische und amerikafreundliche Regierung« an der Macht zu halten und ihr »bei der für die innere Sicherheit notwendigen Formierung der Streitkräfte« zu helfen.

Diem kappte alle Bindungen an die alte Kolonialmacht. 1956 erklärte er den Austritt aus der Französischen Union, 1959 aus der Franc-Zone. Ihren Einfluss setzten die USA vor allem über ihre in Saigon stationierte Militärmission (MAAG) durch, die entgegen den Genfer Abkommen nicht nur in Südvietnam verblieb, sondern von zunächst 200 bis 1962 auf 7.000 Mann anwuchs. Von Anfang an nahmen die Militärberater an den Kampfhandlungen der Saigoner Armee teil.

De Gaulle gegen Intervention der USA

Frankreich revanchierte sich. Als einziger NATO-Staat unterhielt es in Hanoi eine Botschaft. Unter Charles de Gaulle als Staatspräsident spielte es in den 1960er Jahren eine beträchtliche Rolle in den von Friedenskräften getragenen internationalen Bemühungen zur Beendigung des Krieges gegen Vietnam. De Gaulle hatte aus der Niederlage in Dien Bien Phu Schlussfolgerungen gezogen. Er gewährte 1960 den französischen Kolonien formal die Unabhängigkeit, beendete 1962 den Krieg in Algerien und anerkannte auch dessen Unabhängigkeit. Als Begründer der Politik der »Grande Nation« trat de Gaulle vehement dem Führungsanspruch der USA in der NATO entgegen. 1965, ein Jahr nach dem Beginn des Luftkrieges der USA gegen die DRV, erklärte er den Austritt Frankreichs aus der militärischen Integration des Paktes und forderte, das Hauptquartier SHAPE aus Frankreich abzuziehen. Ab 1967 gab es nur noch eine kleine US-amerikanische Militärpräsenz in Frankreich.

GIs, die aus Protest gegen den Vietnamkrieg aus der US Army desertierten, erhielten ab 1967 in Frankreich zwar kein regelrechtes Asylrecht, konnten sich aber dort aufhalten und durften sogar einer Arbeit nachgehen. Frankreich befürwortete offen die Aufnahme von Friedensverhandlungen mit der DRV und dem in der Nationalen Befreiungsfront FNL organisierten südvietnamesischen Widerstand und bot dafür Paris als Verhandlungsort an. De Gaulle sprach sich persönlich wiederholt für den Abzug der US-Truppen aus Südvietnam aus. Auf einer internationalen Pressekonferenz erklärte er am 21. Februar 1967: »Die Bedingungen des Friedens sind bekannt. Auf lokaler Ebene bedeuten sie die Einstellung jeder ausländischen Intervention und später die Neutralität des Landes.«

46 Stützpunkte für die US Air Force

Zur Unterstützung der Saigoner Armee, welche die nationale Befreiungsbewegung in Südvietnam zerschlagen und sich dann auf den »Marsch nach Norden« begeben sollte, schuf das Pentagon ein eigenes System von Militärstützpunkten. Die Zahl der Militärflugplätze, derer es unter den Franzosen sechs gab, wurde bis 1960 auf 46 erhöht. In der Hafenstadt Da Nang und in Saigon entstanden die beiden wichtigsten Stützpunkte, die vor allem der 7. US-Pazifikflotte als Basis dienten. Zu dieser Armada gehörten zu dieser Zeit vier Flugzeugträger, drei Kreuzer, 30 Zerstörer, acht U-Boote, 25 mit Amphibienfahrzeugen ausgerüstete Einheiten für Seelandeoperationen, 44 Versorgungsschiffe und 650 Kampfflugzeuge. Dem US-Kommando in Südvietnam standen ferner 32 Geschwader der taktischen Fliegerkräfte in Japan und auf den Philippinen, zwei Geschwader des strategischen Luftwaffenkommandos auf Guam sowie Einheiten der Lufttransportflotte zur Verfügung.

Von Guam aus starteten später gegen die DRV die strategischen Bomber B-52. Der Prototyp dieses ersten von Düsenmotoren angetriebenen achtstrahligen Langstreckenbombers von Boeing war am 5. Juli 1954 zum Jungfernflug gestartet. Er konnte während des Fluges betankt werden und war damit unabhängig von überseeischen Stützpunkten. Wegen ihrer Flughöhe von 16 bis 17 km hießen die B-52 auch »Stratofortress«, Stratosphärenfestungen. Sie erreichten eine Geschwindigkeit von 1.050 Stundenkilometern. Der »Superbomber« war als Träger für Kernwaffen konstruiert worden. Bei allen stratosphärischen Nukleartests der USA in der zweiten Hälfte der fünfziger Jahre wurde von ihm die tödliche Fracht abgeworfen. Der am meisten gegen die DRV eingesetzte Typ war die B-52 G, die von einer Besatzung von fünf bis sechs Mann geflogen wurde. Ihre todbringende Bombenlast betrug maximal 32 Tonnen.

Das US-amerikanische Südvietnam-Kommando konnte im Fernen Osten auf eigene Streitkräfte von 220.000 Mann zurückgreifen. Im Fernen Osten und in Südostasien außerdem auf Truppen verbündeter oder abhängiger Regimes. Auf Taiwan war das die modern ausgerüstete Armee Tschiang Kai-sheks in Stärke von 600.000 Mann. In Südkorea zählte das kriegserfahrene Heer 550.000 Soldaten.

Aufbau einer Marionettenarmee

Die südvietnamesischen Polizei- und Armee-Einheiten erreichten 1963 die Stärke von rund einer halben Million. Die Armeeführung und das höhere Offizierskorps, die sich durchweg aus den besitzenden Klassen rekrutierten, verkörperten einen fanatischen Antikommunismus, einen volksfeindlichen und antinationalen Charakter, der zur Grundlage des typisch US-militaristischen Drills in der Armee wurde. Die meisten Soldaten waren landlose Bauern, die in der Armee ihre einzige Existenzgrundlage sahen. Andere hatten nach der französischen Niederlage Nordvietnam verlassen, weil sie dort auf verschiedenste Weise für die Kolonialmacht gearbeitet hatten und fürchteten, unter der DRV-Regierung zur Verantwortung gezogen zu werden. Aus ihren Reihen rekrutierten sich viele Unteroffiziere. Wie für die Bevölkerungsbasis des Marionettenregimes stellten die Katholiken zunächst auch für die Armee ein bestimmtes Rekrutierungspotenzial dar.

Die Unterdrückung jeglicher Opposition

Das Diem-Regime ging vom ersten Moment an auf brutalste Weise gegen jegliche Opposition vor. Versammlungen, Demonstrationen und andere Protestaktionen, die oft nichts weiter als die Einhaltung der Genfer Abkommen, besonders die Bestimmung über die freien Wahlen, forderten, wurden verboten, bestehende demokratische Organisationen aufgelöst, demokratische Rechte und Freiheiten beseitigt. Die Teilnehmer am antikolonialen Befreiungskrieg gegen Frankreich waren brutalen Verfolgungen, Verhaftungen und Folterungen ausgesetzt. Bereits ein Jahr nach der Verabschiedung der Genfer Abkommen waren in Südvietnam 40.700 Personen verhaftet und 1.563 getötet worden. Der Mediziner Erich Wulff aus der Bundesrepublik, der von 1961 bis 1967 an der Universitätsklinik von Hue arbeitete, schilderte in seinem unter dem Pseudonym

Georg W. Alsheimer 1968 veröffentlichten Buch »Vietnamesische Lehrjahre«, wie in die Fänge der Diem-Polizei jedoch auch
völlig unpolitische und unschuldige Menschen gerieten.

Die französische Publizistin Madeleine Riffaud, Mitglied der
Résistance gegen Hitlerdeutschland, die sich nach 1954 längere Zeit in Südvietnam aufhielt, enthüllte vor dem II. Russell-
Tribunal 1967, dass alle verfolgt und eingekerkert wurden,
die sich für die Einhaltung der Genfer Abkommen einsetzten
und gegen deren Sabotage durch die Diem-Regierung auftra-
ten. Gegen »mutmaßliche ehemalige Widerstandskämpfer«
und »Familienangehörige der Widerstandskämpfer« gegen das
französische Kolonialregime begannen »Verhaftungen und
Folterungen, Erniedrigungen und Hinrichtungen, mit dem
Ziel, Exempel zu statuieren. Die Diem-Agenten organisierten auf Empfehlung der Experten von der psychologischen
Kriegsführung in Washington ›Bußsitzungen‹. Die Menschen
sollten gezwungen werden, ihre patriotischen Überzeugungen
öffentlich zu widerrufen und um Gnade zu bitten, wobei sie
vor einem Bild Diems niederknien und die Fahne des Landes
küssen mussten«. Frauen, deren Männer in der Volksarmee
gekämpft hatten und sich entsprechend den Genfer Abkommen nach Nordvietnam zurückzogen, wurden zur Scheidung
aufgefordert. Wenn sie sich weigerten, wurden sie Folterungen
unterworfen, in Gefängnisse und Konzentrationslager gesperrt.
»Vietnam (gemeint ist der Süden des Landes, G. F.) glich einem
riesigen Internierungslager. (…) Ich habe nirgendwo in Südvietnam eine vollständige Familie gefunden. Mütter suchten
ihre Kinder, die entführt worden waren; Männer wussten schon
seit Jahren nicht mehr, ob ihre Frauen noch in Haft saßen oder
längst umgebracht waren. (…) Ich stelle hier vor dem Tribunal
fest, dass in diesem Augenblick Tausende von Männern, Frauen
und Kindern in langsamer Auszehrung und unter Haftbedin-
gungen dahinvegetieren, die an das Los der Deportierten und

an die in den KZs von Auschwitz, Dachau und Mauthausen dahinsiechenden Häftlinge erinnern.«

1956 erließ Diem ein Gesetz, das Freiheitsentzug und Deportation ohne Gerichtsverfahren zuließ. Jede Familie wurde in irgendeiner Weise von der Repression betroffen: durch Deportation, Folter oder Verhaftung. 1958 wurde in einem KZ bei Phuloi auf 6.000 Häftlinge ein Giftmordanschlag verübt, bei dem 1.000 Insassen ums Leben kamen.

3. Der Süden wehrt sich

Das Saigoner Friedenskomitee

Als Organ der Proteste gegen die Sabotage der Genfer Abkommen entstand im Herbst 1954 in der südvietnamesischen Metropole das sogenannte Saigon-Cholon-Friedenskomitee. Die Einbeziehung des Namens des großen Geschäftsviertels Cholon in die Bezeichnung sollte ausdrücken, dass viele dort ansässige Intellektuelle zu seinen Mitgliedern gehörten. Die Initiative zur Gründung dieses Gremiums hatte der Rechtsanwalt Nguyen huu Tho ergriffen. »Ein Gelehrtentyp, freundlich und sehr charmant, seinem ganzen Wesen nach gehört er zu den liberalen Intellektuellen der Großstadt«, beschrieb der australische Publizist Wilfred Burchett den Vorsitzenden des Komitees, das sich zunächst fast ausschließlich aus der »Creme der Saigoner Intelligenz« zusammensetzte. Bereits 1954 meldete das Komitee Hunderte von Verletzungen der Genfer Abkommen durch die Diem-Regierung. Im Bericht Nr. 4 der Internationalen Kontrollkommission (ICC) hieß es danach: »In den Fällen, in denen Untersuchungen möglich waren, haben wir 319 Verstöße festgestellt, die unter anderem Menschenleben gekostet haben«. Die ICC konnte schon bald nichts mehr untersuchen, denn die Saigoner Regierung erlaubte »keinerlei Tätigkeit der in den Genfer Abkommen vorgesehenen Gruppen«. Damit war, wie Wulff schrieb, »eine der wichtigsten Bestimmungen des Genfer Abkommens, die den Schutz der ehemaligen Anhänger der anderen Seite zum Inhalt hatte, zu einem wertlosen Fetzen Papier erklärt worden.«

Der zunächst in spontanen Formen ausbrechende Widerstand erforderte es, eine Organisation zu schaffen, die alle kämpfenden Schichten vereinen und die Führung des Kampfes übernehmen konnte. Das Saigoner Friedenskomitee, obwohl es sich über die Grenzen der südvietnamesischen Metropole hinaus entwickelte, konnte dem nicht entsprechen. Als eine zweite Organisation, aus der dann die Front National de Libération (FNL) hervorging, entstand Anfang 1960 die »Vereinigung ehemaliger Widerstandskämpfer«. Sie wurde zur Basis der 1962 gebildeten »Revolutionären Volkspartei«, in der sich die südvietnamesischen Kommunisten sammelten. Ebenfalls an den antifranzösischen Widerstand knüpften in dieser Zeit entstehende Vereinigungen der Bauern, der Jugend und Studenten, aber auch Zirkel von Intellektuellen, die nicht im Saigoner Friedenskomitee vertreten waren, an.

Die Befreiungsfront

Am 20. Dezember 1960 fanden sich insgesamt 23 zumeist illegale Parteien, Organisationen, Verbände und buddhistische Sekten zu einem Kongress zusammen, der eine gemeinsame Widerstandsorganisation bildete, die soeben erwähnte Front National de Libération (FNL). Zu ihrem Vorsitzenden wurde Nguyen huu Tho gewählt. In Verschleierung der Realität bezeichneten die USA die Nationale Befreiungsfront als »Vietcong«, vietnamesische Kommunisten. Obwohl die südvietnamesischen Kommunisten eine aktive Rolle in der FNL wahrnahmen, stellten sie in ihr eine Minderheit dar und beanspruchten keine Führungsrolle.

Nach der FNL-Gründung entstanden bis 1962 weitere Organisationen, die sich ihr anschlossen: Eine »Gruppe der Industriellen und Kaufleute«, der »Bund der Gewerkschaften für die Befreiung Südvietnams«, eine »Gruppe zur Bevölkerung zurückgekehrter Soldaten« (Deserteure aus der Saigoner Armee), die »Autonome Bewegung der Nationalitäten von Tay Nguyen« (die 22 Minderheiten vertrat), die »Frauenunion Südvietnams«, die »Vereinigung zur Rehabilitierung des Buddhismus«, eine »Radikalsozialistische Partei Südvietnams«, die »Demokratische Partei Südvietnams«, die »Vereinigung der Schriftsteller und Künstler«, das »Komitee zur Festigung des Friedens und der Koexistenz« der Cao Dai-Sekte, die »Vereinigung der Soldatenfamilien«, das »Afro-asiatische Solidaritätskomitee Südvietnams«, der »Verband der revolutionären Volksjugend«, der »Verband patriotischer und demokratischer Journalisten Südvietnams«, das »Komitee zum Schutz der Mütter und Kinder Südvietnams«, die »Vereinigung patriotischer Lehrer Südvietnams«, Vereinigungen »der Buddhisten«, der »Patriotischen Katholiken« und der »Patriotischen Protestanten«, das »Südvietnamesische Komitee für Solidarität mit den Völkern Lateinamerikas«.

Ein national-demokratisches Programm

Die programmatischen Aufgaben, welche die FNL sich stellte, und die auf ihren folgenden Kongressen 1962, 1964 und 1967 erarbeitet wurden, konzentrierten sich auf vier Hauptpunkte:

1. Zusammenschluss des Volkes zum Kampf gegen die US-amerikanischen Aggressoren und zur Rettung des Landes,
2. Aufbau eines unabhängigen, demokratischen, friedliebenden, neutralen und blühenden Südvietnams,
3. Wiederherstellung normaler Beziehungen zwischen Nord- und Südvietnam, Voranschreiten zur friedlichen Wiedervereinigung des Vaterlandes,
4. Außenpolitik des Friedens und der Neutralität.

Auf dieser Basis begann die FNL, in den durch sie befreiten Gebieten eine Verwaltungsstruktur aufzubauen, ergriff Maßnahmen zur Entwicklung der Wirtschaft, des Bildungs- und Gesundheitswesens, der gleichberechtigten Zusammenarbeit mit den nationalen Minderheiten, der Gewährleistung der Rechte der Frauen, der Jugendlichen, der Rolle der Intelligenz. Das Programm sicherte die Gestaltung einer nationalen Wirtschaft, auch auf der Grundlage des Privateigentums an Produktionsmitteln, zu, berücksichtigte die Interessen der Kaufleute und Gewerbetreibenden und unterschied bei der Durchführung der Bodenreform zwischen Großgrundbesitzern, die mit dem Befreiungskampf sympathisierten oder sich auch nur neutral verhielten, und solchen, die mit dem Marionettenregime paktierten. Mit Ausnahme der »grausamen und unverbesserlichen Lakaien« der USA wurden bei der Enteignung von Großgrundbesitzerland Entschädigungen garantiert. Loyale Großgrundbesitzer sollten ihren Boden behalten dürfen, mussten aber die Pacht herabsetzen.

Die Ziele und Aufgaben, welche die FNL sich stellte, waren ihrem gesamten Inhalt nach das Programm einer nationaldemokratischen Revolution der Befreiung von der Herrschaft der ausländischen und einheimischen Unterdrücker. Es stellte keine sozialistischen Ziele. Alle Forderungen gingen von den Genfer Indochina-Abkommen aus. An der Spitze stand die nach dem vollständigen Abzug der US-Truppen, der Auflösung ihrer Stützpunkte und der Einstellung der Militärhilfe für das Saigoner Marionettenregime. Um dieses Ziel zu erreichen, rief die FNL zum bewaffneten Kampf gegen das Besatzungsregime und seine Armee auf.

Die FNL forderte für Südvietnam freie Wahlen zu einer Nationalversammlung. An die Stelle des Marionettenregimes sollte eine Koalitionsregierung auf breiter demokratischer Basis und die Garantierung demokratischer Rechte und Freiheiten

treten. In der Regierungsfrage ging die FNL so flexibel vor, dass
sie sich 1972 nach der Unterzeichnung der Pariser Verträge auf
den Rücktritt des Saigoner Präsidenten Thieu beschränkte und
in einer Koalitionsregierung selbst seine Anhänger akzeptieren
wollte.

Die Präsenz der Befreiungskämpfer während der Tet-Offensive 1968 in Saigon, Hue, Da Nang und anderen Großstäd-
ten gab dem Widerstand bis dahin nicht von der FNL erfasster
Schichten der Opposition – von Vertretern der Intelligenz, Studenten und Buddhisten über Kaufleute, Kleinunternehmer und
Handwerker bis zu Beamten und selbst Offizieren der Saigoner
Armee – Auftrieb. Sie organisierten sich auf lokaler Ebene und
schlossen sich im April 1968 zu einer »Allianz der Nationalen,
Demokratischen und Friedenskräfte« zusammen, die in grund-
legenden Fragen mit der FNL übereinstimmte und eng mit ihr
zusammenarbeitete.

Buddhistischer Widerstand

Die Mitgliedschaft der »Vereinigung zur Rehabilitierung des
Buddhismus« in der FNL wie auch andere Formen der Zusammenarbeit zwischen ihr und dieser einflussreichen Religion
in Vietnam wirkten sich auf deren Widerstand aus. Öffent-
liches Aufsehen weit über Vietnam hinaus löste am 11. Juni
1963 aus, dass sich auf einer belebten Straßenkreuzung im
Zentrum Saigons der Mönch Thich quang Duc mit Benzin
übergoss und verbrannte. Im August begaben sich zwei weitere
buddhistische Mönche und eine Nonne in den Flammentod.
Die Schwägerin des Diktators, Ding Nhu, heizte die Stim-
mung mit ihrer zynischen Erklärung an: »Wenn ein weiterer
Bonze sich zum Brathuhn macht, werde ich die erste sein, die
ihm Beifall klatscht.«

Internationale Presseagenturen, Rundfunk- und Fernsehstationen berichteten über das Thema, das ein Ausdruck der

sich verschärfenden Krise des Diem-Regimes war. Die südvietnamesischen Buddhisten, die sich 1955 gegen die Errichtung des Diem-Regimes durch die USA gewandt hatten, traten nun offen gegen den proamerikanischen Diktator auf. Vom Diem-Regime wurden sie als verkappte Kommunisten diffamiert. Zum 2507. Todestag Buddhas, am 8. Mai 1963, verbot es Diem, die siebenfarbig gestreiften Fahnen der Internationalen Vereinigung der Buddhisten zu hissen. An ihrer Stelle sollten die Flaggen der Saigoner Republik gezeigt werden. Zwar musste das Verbot angesichts der wachsenden Proteste zurückgenommen werden, aber Thich tri Quang, dem führenden Würdenträger der Buddhisten, wurde verboten, eine vorgesehene Rundfunkansprache zu halten. Als sich Zehntausend Buddhisten und Anhänger vor der Rundfunkanstalt in Hue zum friedlichen Protest versammelten, eröffneten Soldaten von Schützenpanzerwagen mit Maschinengewehren das Feuer. Sieben Menschen wurden getötet, darunter fünf Kinder. Erich Wulff, der in der Universitätsklinik der Stadt arbeitete, verschaffte sich Zugang zum Leichenschauhaus, wo er die Kinder ohne Köpfe vorfand. Die MG-Schützen hatten sie ihnen abgeschossen, als sie sich über einen Zaun retten wollten. Wulff brachte die Fotos der Ermordeten ins Ausland.

Als 365 Buddhisten verhaftet wurden, rief die »Vereinigte Bewegung für die Rettung des Buddhismus« ihre Anhänger zum Generalstreik auf. Neben Saigon waren Hue und Da Nang Zentren der Proteste. Widerstand regte sich selbst in der Armeeführung. Um der Lage Herr zu werden, verhängte Diem im August 1963 das Kriegsrecht. Im September inspizierte US-Verteidigungsminister McNamara die Lage. Im Oktober verbrannte sich erneut öffentlich ein Mönch. Am 1. November putschten dann die Generäle mit Duong van Minh an der Spitze, mit Billigung Washingtons. Diem wurde umgebracht. Eine Militärjunta übernahm die Geschäfte des Staatschefs und amtierte bis Mai 1965 mit wechselnden Regierungen. Dann brachten die USA aus ihren Reihen die Generale Nguyen van Thieu als Staatschef und den Hitlerverehrer Nguyen cao Ky als Ministerpräsidenten ans Ruder.

Vom friedlichen Widerstand zum bewaffneten Kampf

Die USA und ihre Saigoner Gefolgschaft versuchten, die FNL als ein Anhängsel der nordvietnamesischen Kommunisten hinzustellen. Das entsprach, wie beispielsweise der französische Vietnamkenner Jean Lacouture in seinem Buch »Vietnam entre deux Paix« nachwies, nicht den Tatsachen. Obwohl die Genfer Abkommen dazu nichts festgelegt hatten, waren z.B. 90.000 bewaffnete Widerstandskämpfer aus dem Süden nach Norden zurückgeführt worden. Das belegten später dann auch die Geheimdokumente des US-Verteidigungsministeriums, welche von der *New York Times* ab 13. Juni 1971 veröffentlicht und unter der Redaktion von Neil Sheehan als Buch (deutscher Titel: »Die Pentagon-Papiere. Die geheime Geschichte des Vietnamkrieges«, München/Zürich 1971) herausgegeben wurden.

Die DRV hatte bis zur Bildung der FNL die Südvietnamesen, die der Widerstandsbewegung gegen die französische Kolonialmacht angehört hatten, auf die Durchsetzung der Genfer Abkommen mit friedlichen Mitteln orientiert und versucht, sie vom bewaffneten Vorgehen abzuhalten. In seinem Buch »Partisanen contra Generale« bestätigte Wilfred Burchett das an Hand zahlreicher Beispiele. »Als wir gegen Ende des Jahres (1959) jedoch sahen, dass alle Kader der früheren Widerstandsbewegung beseitigt wurden, gestanden wir den Gebrauch der Waffen zu, allerdings nur zur Selbstverteidigung«, gab Burchett einen Partisanenführer wieder. »Es gab für uns nur zwei Wege: Entweder wir griffen zu den Waffen oder ließen uns wie Hühner abschlachten. Auf irgendwelche Hilfe von außen konnten wir nicht rechnen. Wir standen vor der Entscheidung: Aufstand oder Tod.« Als die ehemaligen Widerstandskämpfer bewaffnete Aktionen begannen, hatten sie kaum richtige Waffen. »Sie kämpften mit Hacken, Messern, Dschungelwaffen, ja sogar Holzkugeln«. Sie verfügten »in ganz Südvietnam nicht einmal über tausend Schusswaffen«.

Die gesamtvietnamesische nationale Befreiungsfront Viet Minh hatte 1955 in der DRV ihre Tätigkeit beendet. An ihrer Stelle war mit neuen Aufgaben für eine sozialistische Entwicklung in Nordvietnam die Vaterländische Front gebildet worden. Obwohl in den Genfer Abkommen nicht festgelegt war, dass die Viet Minh aufgelöst werden sollte oder dass die der Organisation angehörenden Südvietnamesen sich nach Norden begeben müssten, hatte die Befreiungsfront ihre Arbeit auch in Südvietnam eingestellt.

Die Befreiungsarmee

Am 15. Februar 1961 schloss die FNL die regional entstandenen Partisaneneinheiten unter einem einheitlichen Kommando in einer nationalen Befreiungsarmee zusammen. Ihre Hauptbasis bildeten die Bauern. Aber auch Arbeiter, nationale Minderheiten, Angehörige der Intelligenz, Handwerker und andere kleinbürgerliche Schichten kämpften in ihren Reihen. Ihre zahlenmäßige Stärke erhöhte sich, als in den 1960er Jahren Zehntausende Südvietnamesen, die nach den Genfer Abkommen als Soldaten der Volksarmee nach Norden gegangen waren, in den Süden zurückkehrten. Die Befreiungsarmee gliederte sich, wie schon die Volksarmee während der Zeit des antifranzösischen Widerstands, in reguläre Truppenteile und Verbände, regionale Milizen und örtliche Selbstschutzeinheiten der Dörfer. 1963/64 zählte sie etwa 350.000 Soldaten und Offiziere. Ihre Versorgung mit Waffen, Munition und sonstigem Nachschub wurde von der DRV gewährleistet, zunehmend auch durch Beutewaffen gesichert.

Die Proklamation der Republik Südvietnam

1968/69 erreichte die FNL einen beträchtlichen Grad internationaler Anerkennung. Sie war von 19 Staaten diplomatisch anerkannt, unterhielt in Paris und Stockholm Informationsbüros und hatte in weiteren zehn Staaten Korrespondenten ihrer Nachrichtenagentur GIAI PHONG (Befreiung) akkreditiert. Sie war in zehn internationalen Organisationen Vollmitglied und meist in ihren führenden Gremien vertreten, darunter der Weltgewerkschaftsbund, die Internationale Demokratische Frauenföderation und der Weltbund der Demokratischen Jugend. Sie gehörte dem Präsidium des Weltfriedensrates an. 1967/68 nahmen FNL-Delegationen an Feierlichkeiten in über 30 Ländern teil und waren zu 120 internationalen Konferenzen eingeladen.

Nach der Tet-Offensive 1968 und dem Beginn der Pariser Gespräche im November desselben Jahres proklamierte die FNL, um besonders die internationalen Bedingungen ihres Kampfes zu stärken, auf dem Territorium der befreiten Gebiete die Republik Südvietnam (RSV). Dadurch konnte sie unter anderem ihre diplomatischen Vertretungen auf eine staatliche Stufe heben, die danach auf über zwanzig, darunter auch eine in Schweden, anwuchsen. Die Gründung der RSV und die Bildung ihrer Provisorischen Revolutionären Regierung (PRR) fand vom 6. bis 8. Juni 1969 auf einem von der FNL und der Allianz der Nationalen, Demokratischen und Friedenskräfte einberufenen Kongress der Volksvertreter Südvietnams statt. Zum Premier wurden der Vorsitzende der Revolutionären Volkspartei, Huynh than Phat, zu seinen drei Stellvertretern ein ranghoher FNL-Vertreter und zwei Vertreter der Allianz berufen. An der Seite der Regierung bestand ein Konsultativrat, der in gewisser Weise ein kollektives Staatsoberhaupt darstellte. In ihm waren, wie in der Regierung, alle in Opposition zur US-Besatzungsmacht und ihrem Saigoner Regime stehenden

Schichten der Bevölkerung vertreten. So gehörten ihm Vertreter der Minderheiten, drei Bonzen, darunter der Cao Dai und der Hoa Hao-Sekte, Katholiken, Professoren, Ärzte Künstler, Ingenieure und Kaufleute an. Das Regierungsprogramm ging von der Orientierung der FNL und ihres Bündnisses mit der Allianz aus.

Auf der Grundlage der vorher bestehenden FNL-Strukturen konstituierten sich nach der Ausrufung der RSV in den befreiten Gebieten in 1.229 Gemeinden, 124 Kreisen und 20 Provinzen revolutionäre Volkskomitees. Bereits ein Jahr später bestanden diese Machtorgane in 41 Provinzen und Städten, 150 Kreisen und in der Hälfte (1.300) der Gemeinden. Die befreiten Gebiete, die sich dauerhaft in ihrer Hand befanden, umfassten etwa zwei Drittel des Territoriums Südvietnams.

Die DRV und der Befreiungskampf im Süden

Die DRV hat nie geleugnet, dass sie den Befreiungskampf im Süden mit allen Mitteln und Kräften unterstützte. Nach der Gründung der RSV veröffentlichte die Nachrichtenagentur der DRV, Vietnam News Agency (VNA), eine Erklärung Ministerpräsident Pham van Dongs vom 1. März 1969, in der es hieß: »Unsere 30 Millionen Landsleute sind entschlossen, Schulter an Schulter zu kämpfen, ihre Kräfte und Fähigkeiten zu vereinen, zu kämpfen und zu siegen und den Kampf an der militärischen, politischen und diplomatischen Front zu verstärken und mit Ausdauer fortzusetzen.« Das entsprach dem legitimen Recht des ganzen vietnamesischen Volkes auf Verteidigung bzw. Wiedererlangung seiner in den Genfer Abkommen von 1954 garantierten nationalen Unabhängigkeit und Souveränität gegen die neokoloniale Unterwerfungspolitik der USA. Dieses aus den Genfer Abkommen resultierende Recht wurde dann auch in den 1973 geschlossenen Pariser Abkommen (siehe Kapitel 6) bestätigt.

4. Die Tongking-Provokation

Den völkerrechtswidrigen Aggressionskrieg 2003 gegen Irak rechtfertigte George W. Bush mit der Behauptung, das Regime in Bagdad verfüge über Massenvernichtungswaffen, mit denen es die USA und überhaupt die westliche Welt bedrohe. Beweise dafür konnten nicht vorgelegt werden. Der US-Präsident wurde der Lüge überführt. Die USA waren nie verlegen, Vorwände für ihre kolonialen Eroberungen, Aggressionskriege, konterrevolutionären Operationen zur Niederschlagung von Befreiungsbewegungen und revolutionären Erhebungen zu finden.

Im Frühjahr 1964 war in Südvietnam klar, dass die Saigoner Armee nicht in der Lage war, den Widerstand der FNL zu brechen. US-Präsident Lyndon B. Johnson plante deshalb, einen Luftkrieg gegen die DRV zu beginnen, um jegliche Unterstützung für die Befreiungsfront aus dem Norden zu verhindern, so die Zerschlagung des Widerstands im Süden zu ermöglichen und der Saigoner Armee den »Marsch nach Norden« freizubomben. Als Vorwand inszenierte der Präsident mit dem Pentagon und der CIA eine Provokation, die als sogenannter »Zwischenfall von Tongking« in die Geschichte einging. Sie wurde in den ersten Augusttagen 1964 im Golf des Bac Bo, den die Franzosen Tongking getauft hatten, in Szene gesetzt.

Die Provokation wurde Monate vorher geplant. Der Nationale Sicherheitsrat hatte in seiner Resolution 288 vom 17. März 1964 auf Drängen Johnsons festgelegt, dass die USA in der Lage sein müssten, binnen 72 Stunden »Vergeltungsaktionen gegen Nordvietnam« zu beginnen und »binnen 30 Tagen das Programm eines ›abgestuften offenen militärischen Drucks‹ gegen Nordvietnam zu starten.« Der »Tongking-Zwischenfall« sollte den Vorwand liefern. Vor Beginn der Provokation erklärten die USA, dass sie die von der DRV nach völkerrechtlich üblichen Regeln verkündete Zwölf-Meilen-Zone ihrer Hoheitsgewässer nicht anerkannten und nur eine Drei-Meilen-Zone respektierten. Selbst die Drei-Meilen-Zone wurde jedoch während der Provokation systematisch verletzt, und die US-Kriegsschiffe drangen bis unmittelbar an die nordvietnamesische Küste vor.

Die Operation leiteten der Oberkommandierende in Südvietnam, General William Westmoreland, und der Befehlshaber der 7. US-Flotte, Vizeadmiral Roy Johnson. Auf Befehl Westmorelands überfielen am 30. Juli Einheiten der Saigoner Armee mit Amphibienfahrzeugen die zur DRV gehörenden Inseln Hon Me und Hon Nieu im Golf von Tongking. Der Zerstörer »Maddox« drang in die Hoheitsgewässer der DRV ein, um das Kommandounternehmen gegen das Eingreifen des nordvietnamesischen Küstenschutzes abzusichern. Am 2. August drehte die »Maddox« nach dem Auftauchen nordvietnamesischer Torpedoboote zunächst ab und verließ die Hoheitsgewässer.

Das Drehbuch des »Zwischenfalls«

Präsident Johnson verfügte persönlich, die Operation fortzusetzen und einen zweiten Zerstörer namens »Turner Joy« in den Golf zu entsenden, der am 4. August mit der »Maddox« erneut in die nordvietnamesischen Hoheitsgewässer eindrang, wo es zum Zusammenstoß mit Torpedobooten der DRV kam. Washington verbreitete, die Nordvietnamesen hätten in internationalen Gewässern die beiden US-Zerstörer angegriffen. Der »ungeheuerliche Aggressionsakt« werde mit »Vergeltungsschlägen« beantwortet. Auf Befehl Johnsons griffen daraufhin am 5. August 1964 Jagdbomber der USAF Kriegsschiffe der DRV, Ortschaften im Küstengebiet des Golfs und Versorgungslager an. Ohne Kriegserklärung begannen die USA völkerrechtswidrig einen Luftkrieg gegen die DRV. Systematisch wurden die Angriffe in den folgenden Monaten auf das gesamte Gebiet Nordvietnams ausgeweitet. Ein Jahr später flogen bereits 4.000 Flugzeuge monatlich 12.000 bis 15.000 Angriffe.

Dem *Spiegel* (Nr. 12/1965) war später zu entnehmen, dass bereits vier Monate vor der Tongking-Provokation ein als »Drehbuch« bezeichnetes Programm der Eskalation in drei Stufen ausgearbeitet worden war: »Erste Stufe: Amerikanische Bomber zerstören die in Nordvietnam gelegenen Versorgungsanlagen und Ausbildungslager der südvietnamesischen Partisanen. Zweite Stufe: US-Bomber zerschlagen Kohlengruben, Stahlwerke und vor allem Kraftstromanlagen. Dritte Stufe: Die US-Luftwaffe bombardiert die Nordvietnammetropole Hanoi und das dichtbesiedelte Mündungsgebiet des Roten Flusses«.

Am 16. August verabschiedete der US-Kongress auf Ersuchen Johnsons, der sich auf einen 20-seitigen Geheimdienstbericht stützte, mit nur zwei Gegenstimmen ein Ermächtigungsgesetz, das den Präsidenten autorisierte, »jeden bewaffneten Schlag gegen die Streitkräfte der Vereinigten Staaten zurückzuweisen und weitere Aggressionen zu verhüten«.

Der tatsächliche Sachverhalt kam im Januar 1968 durch eine Untersuchung des Außenpolitischen Ausschusses des Senats, der sich unter dem wachsenden Druck der Öffentlichkeit und der Bewegung gegen den Vietnamkrieg mit dem Geheimdienstbericht über den »Zwischenfall im Golf von Tongking« befasste, ans Licht. Der Ausschuss stellte fest, dass Präsident Johnson mit geradezu »ungeheuerlich verlogenen Behauptungen«, die seine Geheimdienste stützten, sich die Ermächtigung des Kongresses erschlichen hatte. Eine Auswertung der Logbücher der beiden Zerstörer sowie der Aufzeichnung des Funkverkehrs zwischen dem Kapitän der »Maddox«, John J.

Herrick, und dem Befehlshaber der US-Pazifikflotte ergab, dass die Kriegsschiffe in eine gezielte Provokation zur Auslösung des Luftkrieges gegen die DRV eingebunden waren. Die Schiffe hatten den Auftrag, für die geplanten Luftangriffe »die elektronischen und Radar-Systeme Nordvietnams zu stimulieren, um deren Ortung zu erleichtern«. Sie waren in die Drei-Meilen-Hoheitszone Nordvietnams eingedrungen und hatten, wie der damalige Senator Albert Gore es ausdrückte, »unmittelbar vor der Küste die Wellen gepflügt«. Die Untersuchung bestätigte ebenso, dass ihr Auftrag weiter darin bestand, den unter US-Kommando erfolgenden Angriff der südvietnamesischen Kriegsschiffe auf die beiden nordvietnamesischen Inseln gegen Küstenschutzboote der DRV abzusichern.

Signal für den »Marsch nach Norden«

Schließlich kam heraus, dass keiner der beiden angeblich von nordvietnamesischen Torpedos getroffenen Zerstörer irgendwelche Beschädigungen aufwies. Unter den Schiffsbesatzungen hatte es keinerlei Verluste gegeben. »Maddox«-Kapitän Herrick hatte obendrein gegenüber der Navy-Zentrale Zweifel an der verbreiteten Darstellung geäußert und empfohlen, »eine umfassende Bewertung vor Einleitung weiterer Schritte« durchzuführen. Nach der Senatsuntersuchung erklärte Präsident Johnson am 1. November 1968 die Einstellung der Terrorangriffe auf Nordvietnam. Im Juni 1970 annullierte der Kongress schließlich das Ermächtigungsgesetz vom 16. August 1964.

Weitere Einzelheiten darüber, wie Johnson planmäßig die Ausweitung des Krieges auf Nordvietnam organisiert hatte, kamen 1971 durch die bereits erwähnten »Pentagon-Papiere« ans Licht. Für die im August 1964 durchgeführten Kriegsakte gegen die DRV hatte der Präsident bereits im Februar dieses Jahres einem von der CIA vorgelegten Operationsplan 34-A zugestimmt. Er beinhaltete Spionageflüge über Nordvietnam, Diversionsakte abgesetzter oder eingeschleuster, von der CIA geführter Special-Forces-Kommandos, Überfälle von See aus, Entführungsaktionen im Küstenbereich sowie Sabotageakte auf Eisenbahnlinien und Brücken. Am 17. März hatte Johnson zwei weitere Pläne für »selektive Bombenangriffe« auf Nordvietnam und im April das bereits erwähnte »Drehbuch« für die »Eskalation des Krieges in drei Stufen« bestätigt. Das Ermächtigungsgesetz, das Johnson als angebliche Reaktion auf den »Tongking-Zwischenfall« dem Kongress vorgelegt hatte, war bereits am 25. Mai 1964 ausgearbeitet worden.

Laut der »Pentagon-Papiere« flog die USAF vom Februar 1965 bis Ende Oktober 1968 rund 107.700 Angriffe gegen Nordvietnam. Dabei wurden insgesamt 2.581.876 Tonnen Bomben abgeworfen bzw. Raketen abgeschossen. Das war eine weit größere Menge, als die USA insgesamt während des Zweiten Weltkriegs eingesetzt hatten.

Erich Wulff schilderte, wie die reiche Saigoner Oberschicht den Beginn der Luftangriffe auf Nordvietnam als Signal dafür sah, dass der »Marsch nach Norden in greifbare Nähe« rücke. Er zitiert aus dem Stimmungsbarometer: »Nun werden die drüben binnen kurzem am Ende sein.« Die Saigoner Generäle versuchten, »eine Kriegs- und Krisenstimmung« zu schaffen. Der spätere US-Senator und Bewerber für die Präsidentschaft, Joseph Robert Kerrey, der als Lieutenant persönlich an der Ermordung von Frauen und Kindern in Südvietnam teilnahm, äußerte, er sei bereit, »Hanoi mit einem Messer zwischen den Zähnen« zu stürmen.

Beispiel Sender Gleiwitz

Provokationen wie die im Golf von Tongking gehörten während des gesamten Kriegsverlaufs zur Strategie des Pentagon und der CIA. Die einstigen Gegner Hitlerdeutschlands orientierten sich an dem Angriff eines SS-Kommandos am 31. August 1939 in polnischen Uniformen auf den Sender Gleiwitz, der als Vorwand des Überfalls auf Polen diente. Um ihre Okkupationspolitik in Südvietnam und die Entsendung ihrer Militärs zu legitimieren, erfanden sie bereits seit 1954/55 die These vom »Aggressionskrieg des Nordens«. Es war eine plumpe Lüge. Denn »die meisten derjenigen, die zur Waffe griffen, waren Südvietnamesen, und die Gründe, um derentwillen sie kämpften, wurden durchaus nicht in Nordvietnam erfunden«, hieß es in den »Pentagon-Papieren«. Einem Geheimbericht war zu entnehmen, dass 80-90 Prozent des »Vietcong« in Südvietnam angeworben wurden und »wenig für eine Verstärkung des Vietcong von außen spricht.« Es hieß weiter, dass die »antikommunistische Denunziationskampagne« auch viele Nichtkommunisten traf, insgesamt 50.000 bis 100.000 Personen, und dass »Neutralisten« polizeilich verfolgt wurden.

Erich Wulff, der als von der Bundesregierung nach Südvietnam entsandter Mediziner als ein Vertrauter galt, erfuhr von einem CIA-Agenten namens Robert Kelly, Chef der US-Zivilverwaltung in Hue, dass sogenannte Liquidationstrupps aufgestellt wurden, die in Uniformen der Befreiungsfront die Landbevölkerung durch Mord, Raub und Brandschatzung terrorisierten, um so »den Hass gegen die Kommunisten zu schüren«. Solche »Trupps« wüteten auch, als während der Tet-Offensive 1968 Hue von der Befreiungsarmee besetzt war. In der »freien« Presse wurde dann über die sogenannten »Vietcong-Massaker von Hue« berichtet, denen nahezu 3.000 Menschen zum Opfer gefallen seien. Das »Vietcong-Massaker« von Hue wurde genau zwei Tage nach der Aufdeckung der Massenmorde von My Lai der Öffentlichkeit präsentiert. Dazu wurden »gerade aufgefundene Vietcong-Dokumente« vorgelegt, welche die Verantwortung der Kommunisten beweisen sollten.

5. Der Luftkrieg gegen die Demokratische Republik Vietnam

In dem vierjährigen Luftkrieg gegen die DRV führten die USAF und die Marineflieger verheerende Luftangriffe, zerstörten Wohnviertel, Krankenhäuser, Schulen, Betriebe, Kirchen und Pagoden, Straßen und Brücken, Bewässerungsanlagen der Reisfelder, legten ganze Städte in Trümmer. Eines der barbarischsten Verbrechen waren die Luftangriffe im Juni 1965 auf die Lepra-Station von Quynh Lap, in der 2.600 Kranke behandelt wurden. Das Institut, in dem eine für Südostasien beispiellose Forschungsarbeit zur Behandlung der Lepra als auch über die Rehabilitation verstümmelter Kranker stattfand, wurde dem Erdboden gleich gemacht. Patienten und Krankenhauspersonal wurden aus Bordwaffen niedergeschossen, 140 Patienten getötet. Schwer beschädigt wurde auch das mit Hilfe der DDR aufgebaute und ausgerüstete Tuberkulose-Forschungsinstitut in Thanh Hoa. Der Luftterror gegen die Zivilbevölkerung entlarvte Tag für Tag die Behauptungen aus Washington, es würden nur militärische Objekte angegriffen.

»Wir bomben Euch in die Steinzeit zurück«

In klassischer Kolonialherrenmanier hatte General Curtis LeMay, Oberkommandierender des Strategic Air Command, das Ziel der Luftangriffe unverhüllt so angekündigt: »Zieht Eure Hörner ein, oder wir bomben euch in die Steinzeit zurück«. In der politischen Übersetzung hieß das: Unterwerft euch unserer Herrschaft, macht Schluss mit dem Sozialismus, keinerlei Unterstützung dem »Vietcong« im Süden. LeMay hatte schon während der Kubakrise 1962 gefordert: »Greifen wir an, zerstören wir Kuba vollständig«. Nach Erreichen des atomaren Patt durch die UdSSR hatte er noch bis Ende der 1950er Jahre einen präventiven massiven atomaren Erstschlag gegen Moskau gefordert.

Es konnte zunächst durchaus der Eindruck entstehen, dass die technisch hochüberlegene US-Luftwaffe in der Lage wäre, das im ökonomischen Stadium eines Entwicklungslandes befindliche Nordvietnam mühelos seinen Bedingungen zu unterwerfen und es auch in Schutt und Asche zu bomben. Denn gegen Nordvietnam setzte die USAF ihre damals modernsten Jagdbomber ein. Der am meisten geflogene war die F-105 »Thunderchief«. Der »Donnergott«, ein einsitziger Allwetter-Jäger, war mit einer sechsläufigen 20-mm-Kanone sowie vier »Sidewinder«-Raketen oder 190 ungelenkten Raketen Kaliber 70 mm bewaffnet, konnte auch eine Bombenlast von maximal 6.000 kg tragen. Die F-105 erreichte eine Geschwindigkeit von 2.000 bis 2.200 km/h und eine Höhe von 15.000 Metern. Die maximale Reichweite betrug 4.000 km. Die im Luftkampf wie auch im Erdbeschuss verwendete Vulcan-Schnellfeuerkanone feuerte in zehn Sekunden mehr als 1.000 Geschosse ab.

Ein großer Vorteil für die Angreifer war die sehr kurze Vorwarnzeit, die den Verteidigern zur Verfügung stand. Für die Städte und Orte an der Küste war eine Warnung faktisch überhaupt nicht möglich, denn die von den Flugzeugträgern im Golf von Tongking startenden Jagdbomber erreichten ihre Ziele in Minutenschnelle. Auch für das nicht viel mehr als 100 km von der Küste entfernte Hanoi brauchten die Piloten kaum mehr Zeit. Vor den Luftangriffen wurde die Bevölkerung in den Städten und den meisten Ortschaften über öffentlich installierte Lautsprecher gewarnt. Aber oft war es so, dass die Einwohner zuerst das Abwehrfeuer der Flak hörten, dann die Detonationen der Bomben und danach die Ansage über die öffentlichen Lautsprecher, die lautete: »Amerikanische Flugzeuge im Anflug auf…« mit der folgenden Orts- und Entfernungsangabe.

Zur Angriffsflotte im Golf von Tongking gehörte die »Constellation«, einer der modernsten US-Flugzeugträger, der erst 1960 in Dienst gestellt worden war. Das 330 Meter lange und bis zu 77 Meter breite Kriegsschiff von 79.000 Tonnen transportierte 85 Kampfflugzeuge und verfügte über vier Terrier-II-Fla-Raketenstartrampen. Vier Katapulte ermöglichten eine rasche Startfolge. Die Besatzung zählte 3.800 Mann.

»Piloten im Pyjama«

Bei den eingesetzten Piloten handelte es sich um hochqualifizierte Flieger, die ihre Maschinen ausgezeichnet beherrschten. Viele waren bereits in Korea geflogen und manche sogar im Zweiten Weltkrieg. Einer der Piloten war Korvettenkapitän Robert H. Shumaker, der später zur Astronautentruppe der USA gehörte.

Die Piloten waren mit einer vielseitigen Überlebensausrüstung versehen. Um nach einem Abschuss entsprechend dem »Code of Conduct« (Verhaltenskodex) »mit allen möglichen Mitteln Widerstand zu leisten«, führte jeder Pilot in einer Tasche seiner Kombination rechts in Gürtelhöhe oder am rechten Bein seine persönliche Waffe bei sich, einen 9 mm Trommelrevolver Smith & Wesson mit 30 Patronen im Gurt. Ferner etwa 30 Gegenstände, die in seiner Kombination untergebracht oder an ihr befestigt waren, darunter Schlauchboot, Notsender, Buschmesser mit Säge, Spaten und Beil, Behälter für Notausrüstung, Signalgebungsgerät, eiserne Ration, Rettungsring, Chemikalien gegen Haifische, Signalkerzen, Medikamente.

Zur Ausrüstung gehörte auch ein »Überlebenstüchlein« mit der US-Flagge, darunter ein Hilfsersuchen in Sprachen der Einsatzregion, das Landesbewohnern vorgezeigt werden sollte. Darauf stand in der »Südostasien-, West- und Zentral-Pazifik-Ausgabe« in 14 verschiedenen im Einsatzgebiet gesprochenen Sprachen: »Ich bin ein Bürger der USA. Ich spreche Ihre Sprache nicht. Durch Missgeschick bin ich gezwungen, bei Ihnen Hilfe in Beschaffung von Nahrung, Unterkunft und Schutz zu suchen. Bitte bringen Sie mich zu jemandem, der gewillt ist, für meine Sicherheit zu sorgen, um mich zu meinen Landsleuten zurückzuführen. Meine Regierung wird Sie belohnen.«

Während des Luftkrieges hat kein einziger Pilot den »Code of Conduct« befolgt, obwohl das manchmal durchaus möglich gewesen wäre. Es ist kein Fall bekannt geworden, dass ein nach dem Abschuss in Dschungel- oder Bergregionen niedergegangener Flieger auch nur versucht hätte, sich beispielsweise in das benachbarte, teilweise von den USA beherrschte Laos durchzuschlagen. Es gab auch Situationen, in denen Widerstand zunächst nicht aussichtslos gewesen wäre. Ein Pilot wurde von einem barfüßigen jungen Mädchen, das der Flieger um mehr als Kopfeslänge überragte, gefangen genommen. In einem anderen Fall ergab sich ein Pilot in einer einsamen Bergregion der Thai zwei Einwohnern, die nur mit einem Buschmesser und einer Armbrust bewaffnet waren. Lieutenant Colonel Lindberg Hughes wurde von einer Gruppe von Bauern gefangen genommen, von denen nur einer eine Waffe trug. Trotzdem, so sagte er, »ich unternahm keinerlei Versuch, die Sache sozusagen zu Ende zu schießen.«

In schockierendem Kontrast zu dem in der Regel hohen Bildungsniveau der Piloten, von denen nicht wenige neben der militärischen Ausbildung Universitätsabschlüsse, darunter in Pädagogik, Geisteswissenschaften oder Internationalen Angelegenheiten, vorzuweisen hatten, war die moralische Haltung zu ihren Einsätzen. Gefangen genommene Piloten bezogen sich ohne Ausnahme darauf, dass sie bei ihrem »Job« Befehle ausführten, wozu sie ihrem Land gegenüber verpflichtet seien. Sie erhielten für je zehn Luftangriffe eine Verdienstmedaille. Der neunundzwanzigjährige First Lieutenant Edward Lee Hubbard äußerte, »ich bin in ungefähr zwanzig Ländern gewesen, seit ich in den Luftstreitkräften diene, und das hat mir sehr viel Spaß gemacht.«

Über die Haltung der US-Piloten haben die DDR-Film-Dokumentaristen Walter Heynowski & Gerhard Scheumann (H & S) 1967 den aussagekräftigen Streifen »Piloten im Pyjama« vorgelegt, in dem zehn in Gefangenschaft der DRV geratene Offiziere der USAF bzw. der Marine ihnen Interviews gewährten. 1968 veröffentlichten sie (Verlag der Nation, Berlin/DDR) zum Film das gleichnamige Buch. Als die Autoren im Oktober 1967 ihre erste Reportage über die interviewten Flieger brachten, wurde diese von den größten Illustrierten der Welt, darunter *Life*, *Paris Match* und *Stern* übernommen. Der *Stern* brachte in Nr. 43/1967 ein Interview mit H & S. Die große US-amerikanische Fernsehgesellschaft »NBC« strahlte Filmbilder der »Piloten im Pyjama« in der Hauptsendezeit des Abends für ein 40-Millionen-Publikum aus. Dem Sonderbeauftragten des US-Präsidenten für die Gefangenen in Vietnam, Botschafter Averell Harriman, fiel nichts Dümmeres ein, als unmittelbar nach Ausstrahlung der Sendung zu erklären, die Zuschauer seien »Zeuge einer großangelegten Fälschung« geworden.

Trotz ihrer hohen militärtechnischen Überlegenheit erlitten die USA als stärkste Militärmacht der westlichen Welt in der vierjährigen Luftschlacht über Nordvietnam, wie später in den Befreiungskämpfen in Südvietnam, eine vernichtende Niederlage. Entscheidende Grundlagen dieser Siege waren die Hilfe des damals existierenden sozialistischen Lagers, darunter modernste konventionelle Waffen aus der UdSSR, Lieferungen aus der VR China, die weltweite Solidarität der Friedenskräfte, eingeschlossen die in den USA selbst. Aber die letztendlich ausschlaggebende Bedingung war der Widerstandswille des vietnamesischen Volkes, der in den Traditionen nationalen und antikolonialen Widerstands wurzelte. Ihn zu mobilisieren, verstand eine kommunistische Partei, die der legendäre Ho chi Minh gegründet hatte und bis zu seinem Tod 1969 anführte.

MiG-Jäger über Ham Rong

Die Luftangriffe im August 1964 trafen die DRV nicht unvorbereitet. Die US-Piloten stießen bereits beim ersten Angriff am 5. August auf eine organisierte Luftabwehr. Zu den ersten Fliegern, die an diesem Tag abgeschossen wurden, gehörte der Marineflieger First Lieutenant Everett Alvarez mit einer »Skyhawk«. Zu diesem Zeitpunkt verfügte die DRV noch über keine Luftabwehrraketen, aber bereits über moderne sowjetische Flugabwehrkanonen (Flak), deren radargesteuerte Leitsysteme die Geschütze lenkten und ihre Granaten mit hoher Treffsicherheit ins Ziel steuerten. Eine strategische Wende in der Luftschlacht über Nordvietnam setzte am 3. April 1965 ein. Im Morgengrauen griffen an diesem Tag US-Bomber die Ham-Rong-Brücke über den Fluss Ma etwa 100 km südlich von Hanoi an. Der Straßen- und Eisenbahnübergang war einer von drei strategischen Verkehrsknotenpunkten auf der über 600 km langen Straße Nr. 1. Über diese Strecke, die von der Nordgrenze bis zum 17. Breitengrad am Ben Hai führte, erfolgte ein Großteil der Versorgung für die Befreiungskämpfer im Süden. Die US-Flieger erlebten eine Überraschung. Die DRV setzte zum ersten Mal ihre MiG-Jäger ein. Die nordvietnamesischen Piloten waren in der Sowjetunion ausgebildet worden und auf diesen Tag hervorragend vorbereitet. Sie hatten sich seit Tagen rund um die Uhr gefechtsbereit in ihren in gut versteckten Hangars stehenden MiG 21 abgelöst. Das damals modernste sowjetische Jagdflugzeug war seit Anfang der sechziger Jahre in den Luftstreitkräften des Warschauer Paktes und anderer verbündeter Staaten als Standardtyp eingesetzt. An der Ham-Rong-Brücke erlebte es seine Feuertaufe. Die MiG 21 erreichte eine Höchstgeschwindigkeit von 2.450 km/h sowie eine Gipfelhöhe von 15.000 Meter und hatte eine Reichweite von 2.300 km. Zum Luftkampf war sie mit Kanonen und Luft-Luft-Raketen ausgerüstet. Sie erwies sich in Vietnam den vergleichbaren US-Maschinen als überlegen.

Die MiG-Staffeln griffen, wie in US-amerikanischen Zeitungen nachzulesen war, mit hohem taktischem Geschick und fliegerischem Können an und schossen 12 US-Flugzeuge ab, darunter mehrere F-105, die damals modernsten Jagdbomber der USAF. Die US-Nachrichtenagentur AP schrieb: »Es ist zur ersten Feindberührung mit der nordvietnamesischen Luftwaffe gekommen, bei der die Amerikaner eine Schlappe erlitten.« Seit Ham Rong schnellten die Abschussziffern in die Höhe. Waren bis zum 2. April 1965 über der DRV 103 US-Flugzeuge abgeschossen worden, so stieg die Zahl bereits Ende April 1965 auf 263 an. Die US-Verluste stiegen noch schneller, als drei Monate später in Nordvietnam ein Fla-Raketennetz installiert wurde.

Colonel Robin Olds über »furchterregende Raketen«

Ende Oktober 1967 berichteten die Parteizeitung *Nhan Dan* und andere Hanoier Blätter mit Fotos und Personalangaben über in den vorangegangenen Tagen nach Abschuss ihrer Maschinen gefangen genommene 15 US-Piloten. Unter ihnen befand sich John Sydney McCain, Enkel des gleichnamigen Befehlshabers der Pazifik-Flugzeugträger der USA im Zweiten Weltkrieg und Sohn des Chefs der US-Flotte in Europa. McCain gab zu, das Feuer der Luftabwehr sei, besonders über Hanoi, »sehr dicht und sehr präzise«. Die Air Force verliere zehn und mehr Prozent ihrer Maschinen. Bei seinem letzten Einsatz habe er noch registriert, dass von 25 Maschinen, seine mitgerechnet, drei abgeschossen wurden. Vom britischen Konsul in Hanoi verlautete einmal, das seien, verglichen mit den Abschussziffern, welche die Royal Air Force in der Luftschlacht über England gegen Görings Flieger erzielte, Ergebnisse, die sich sehen lassen könnten.

McCain stürzte in den Truc-Bach-See von Hanoi, brach sich Arme und Beine und wäre ertrunken, wenn ihn der Leutnant Mai van On nicht aus dem Wasser gezogen hätte. Am Ufer hielt dieser wütende Hanoier, die nach einem schweren

Bombenangriff gegen McCain handgreiflich werden wollten, zurück. Eine Krankenschwester leistete Erste Hilfe. Dann nahmen Soldaten McCain in Gewahrsam. 1973 wurde er entlassen. Nach dem Krieg besuchte er Hanoi, ohne nach seinem Lebensretter zu fragen. Erst 1996, er war inzwischen Senator von Arizona, traf er sich mit van On und überreichte ihm eine »Erinnerungsmedaille« des US-Kongresses. Im Jahr 2000 und 2008 bewarb sich McCain für die Republikaner um die Präsidentschaft. Die humane Rettungstat eines Offiziers der Volksarmee Vietnams passte nicht ins Konzept seiner Wahlkampfreden und so behauptete er, die Nordvietnamesen hätten ihn misshandelt.

Das Pentagon leugnete zunächst Abschüsse über der DRV, vor allem in der Anfangsphase des Luftkriegs und erst recht, dass es bereits am ersten Tag Verluste gegeben hatte. Bereits 1966 hatte die DRV diese Lügen Washingtons enthüllt und über 100 dieser Flieger durch die Straßen von Hanoi geführt. Peinlich war, dass sich die Piloten nicht immer an die ausgegebenen Parolen hielten. Zu ihnen gehörte auch der über Nordvietnam davongekommene Spitzenflieger Oberst Robin Olds, der auf einer Pressekonferenz in Washington warnte: »Nach meiner Ansicht hat sich die Luftabwehr Nordvietnams enorm verstärkt, sowohl durch Flakfeuer als auch MiGs und Boden-Luft-Raketen«. Zu letzteren gestand Olds: »Es sind furchterregende Raketen, wenn Sie es wissen wollen.« Oberst Robinson Risner, ein Flieger-Ass aus dem Koreakrieg, der am 16. September 1965 abgeschossen wurde, gab an, dass die Nordvietnamesen bei einem Angriff seines Geschwaders von 18 »Thunderchief« fünf vom Himmel geholt hatten.

Die Heuchelei des Pentagon

Die Heuchelei des Pentagon betraf nicht nur die gefangen genommenen Piloten, sondern auch die, welche beim Absturz ums Leben kamen. Der schriftstellernde Diplomat Karl-

Heinz Zydorek, während der Luftüberfälle Presseattaché an der Botschaft der DDR in Hanoi, befasste sich in einem seiner Hörspiele mit dem authentischen Schicksal eines solchen Piloten. Er ging mit seinem Fallschirm in einem schwer zugänglichen Dschungelgebiet nieder und blieb in den dichten Ästen der Bäume hängen. Er war nicht in der Lage, sich zu befreien. Sein Leichnam wurde erst Wochen später gefunden. Zydorek schilderte kein Einzelschicksal. Es gab nicht wenige Piloten, die beim Absturz ums Leben kamen. Sie schafften es nicht, den Schleudersitz auszulösen, verbrannten in ihren Maschinen, stürzten in zu spät geöffneten Fallschirmen zu Tode, verhungerten in undurchdringlichen Dschungeln. Andere landeten weitab von der vietnamesischen Küste im Meer, wo sie auch vom US-Rettungssystem oft nicht geborgen werden konnten.

Das Pentagon bezichtigte die DRV der Geheimhaltung der Zahl der toten und lebenden abgeschossenen Piloten. Das entsprach nicht den Tatsachen. Fakt war, dass die DRV keine offiziellen Angaben dazu veröffentlichte. Dazu war sie auch nicht verpflichtet, denn bei den Luftangriffen gegen Nordvietnam handelte es sich um einen nichterklärten, völkerrechtswidrigen Krieg, mit dem Washington gegen die Haager Landkriegsordnung verstieß, die festlegte, dass die Eröffnung von Kampfhandlungen »eine vorausgehende unzweideutige Benachrichtigung, die entweder die Form einer mit Gründen versehenen Kriegserklärung oder die eines Ultimatums mit bedingter Kriegserklärung haben muss.« Dem Luftkrieg der USA ging nichts dergleichen voraus. Daraus ergab sich, dass die gefangen genommenen Flieger keinen Anspruch auf eine Behandlung gemäß der Genfer Konvention als Kriegsgefangene hatten. Auch wenn die DRV ihnen diesen Status nicht zuerkannte, gewährte sie ihnen dennoch eine Behandlung, die voll den Ansprüchen der Konvention entsprach.

Jeder Gefangene konnte seinen Angehörigen schreiben, wovon auch alle Piloten Gebrauch machten. Damit war dem Pentagon deren Anzahl bekannt. Aus der Differenz zwischen den Fliegern in den Gefangenenlagern der DRV und der Gesamtzahl der verlorenen Piloten ergab sich die Zahl der Toten, die das Pentagon jedoch geheim hielt. Während die Angehörigen der inhaftierten Flieger aufgefordert wurden, über den Erhalt von Briefen Stillschweigen zu bewahren, wurde behauptet, nur einige der Piloten dürften in Gefangenschaft schreiben, die meisten säßen in »Schweigelagern«.

Zur Kapitulation gezwungen

In der Luftschlacht über Nordvietnam zeigte sich immer deutlicher, dass die DRV nicht bezwungen werden konnte. Moskau lieferte nicht nur die erforderliche modernste konventionelle Militärtechnik, sondern bildete auch einen hohen Prozentsatz des vietnamesischen Militärpersonals bei sich im Lande, aber auch durch Spezialisten vor Ort aus. Ob sowjetische Piloten über Nordvietnam selbst am Steuerknüppel saßen, ist bis heute nicht bekannt geworden. Für Beobachter in Hanoi galt als sicher, dass nordkoreanische und auch kubanische Flugzeugführer vor Ort ihre Erfahrungen vermittelten. Mit Militärexperten war auch die VR China im Norden der DRV vertreten. Nie haben sich Truppen der UdSSR oder anderer sozialistischer Staaten in der DRV befunden. Vorschläge, darunter aus der DDR, Freiwillige nach dem Vorbild der Internationalen Brigaden in Spanien nach Vietnam zu entsenden, wurden aus Hanoi immer abschlägig beschieden. Man wollte den USA keinen Vorwand zur Rechtfertigung ihrer eigenen massiven Truppenpräsenz im Süden liefern.

Ein Großteil der sowjetischen Ausbildung für die Vietnamesen fand, zumindest in der Anfangsphase, in der Sowjetunion statt. Die Zahlen waren an sich schon aufschlussreich.

Am 15. März 1966 war einem Bericht von *Radio Moskau* zu
entnehmen, dass fast 3.000 junge Vietnamesen und Vietname-
sinnen zu jener Zeit in der Sowjetunion militärisch ausgebildet
wurden. Den bedeutsamsten Fall stellten, wie es hieß, die nordvietnamesischen Luftwaffenkadetten dar, die von Veteranen
der sowjetischen Luftwaffe ausgebildet wurden, um Überschall-
bomber MiG 21 zu fliegen. Mitte Dezember 1966 hatte sich
die Zahl der in Vietnam stationierten MiGs nach inoffiziellen
Schätzungen in Washington auf 180 oder sogar 200 erhöht.

Die wirksame Luftverteidigung der DRV, die materielle
Hilfe der sozialistischen Staaten, die wachsenden internationalen Proteste und die bereits erwähnten Enthüllungen des ab Januar 1968 tätigen Außenpolitischen Ausschusses des US-Senats
über den tatsächlichen Verlauf des »Zwischenfalls im Golf von
Tongking« zwangen Präsident Johnson, am 1. November 1968
die bedingungslose Einstellung der Luftangriffe zu erklären. Es
war die faktische Kapitulation im Luftkrieg gegen die DRV. Bis
zu diesem Zeitpunkt hatte die nordvietnamesische Luftverteidigung rund 3.240 Flugzeuge abgeschossen, darunter eine Anzahl Hubschrauber. Jonathan Neale führte in seinem Buch »Der
amerikanische Krieg. Vietnam 1960-1975« (Bremen 2004) an,
dass während des Vietnamkrieges in Indochina insgesamt 3.719
Flugzeuge und 4.869 Hubschrauber der USA abgeschossen
wurden.

Bereits seit 1966 gelang es dem Pentagon nicht mehr, die
Verluste an Maschinen und Piloten auszugleichen. *Der Spiegel*
berichtete in seiner Nr. 43/1966: »Die Amerikaner haben in
Vietnam schon erheblich mehr Maschinen eingebüßt, als ihre
offiziellen Verlustziffern besagen.« Laut dem Bericht hatte das
Pentagon »etwa tausend Maschinen eingebüßt«. Die Militärs
hätten »nicht mit so hohen Verlustziffern« gerechnet. Die Produktion habe die entstandenen Lücken nicht schließen können.
Außerdem klaffte, so *Der Spiegel*, »noch ein anderes Loch: Es

fehlte an Piloten«. Allein die Marine-Luftwaffe habe »einen Fehlbestand von 1.600 Flugzeugführern«. Die Air Force habe die Zahl ihrer Pilotenschüler 1966 auf 2.760 erhöhen müssen.

6. Die Pariser Friedensverhandlungen

Im November 1968 begannen in Paris Gespräche zwischen der DRV und der FNL auf der einen, den USA und der Saigoner Regierung auf der anderen Seite über die Beendigung des Krieges. Einen entscheidenden Anstoß dazu gaben im Januar 1968 die Enthüllungen des US-Senats, dass der sogenannte »Tonking-Zwischenfall« Anfang August 1964 eine von Präsident Johnson organisierte Provokation war, mit der ein Vorwand zum Beginn des Luftkriegs gegen die DRV geschaffen wurde.

Niederlage am Verhandlungstisch

Vor Beginn der Gespräche hatte die DRV die bedingungslose Beendigung der Luftangriffe auf Nordvietnam gefordert. Obwohl Johnson am 1. April deren Einstellung nur nördlich des 19. Breitengrads (etwa 100 km südlich von Hanoi) erklärte, nahm die DRV am 13. Mai Vorgespräche mit den USA auf. Die DRV vertrat das Politbüromitglied Le duc Tho, die USA der Sicherheitsberater des Präsidenten Henry Kissinger. Nur zwischen diesen beiden Seiten sollten nach den Vorstellungen Washingtons die Friedensgespräche geführt werden, um die DRV als allein »kriegführende Seite« in Südvietnam und als »Aggressor« hinzustellen. Lediglich die südvietnamesische Marionettenregierung sollte hinzugezogen werden.

Die DRV stellte in den Vorgesprächen zwei Bedingungen: Einstellung der Luftangriffe auf Nordvietnam und Teilnahme der FNL als gleichberechtigter Verhandlungspartner. Im

Gegenzug akzeptierte Hanoi die Saigoner Marionettenregierung am Verhandlungstisch. Am 1. November 1968 musste Johnson das Ende der Bombardierung Nordvietnams erklären. Es war eine Verpflichtung, die trotzdem ständig gebrochen wurde. Johnson musste auch Viererverhandlungen zustimmen und damit die FNL als kriegführende Seite im Süden anerkennen. Zu Beginn der Gespräche forderten die DRV und die FNL den bedingungslosen Abzug der US-Truppen und ihrer Verbündeten aus Südvietnam und die Auflösung aller Militärstützpunkte.

Zurück zur Vietnamisierung des Krieges

Die Pariser Gespräche fanden statt, während die Kämpfe im Süden weitergingen. Angesichts der Unmöglichkeit eines militärischen Sieges, der internationalen Proteste und auch der bereits angeführten Zersetzungserscheinungen bei ihren Truppen begannen die USA ab 1970, diese aus Südvietnam abzuziehen und zur sogenannten »Vietnamisierung« des Krieges zurückzukehren. Die südvietnamesischen Truppen sollten mit Waffen und Militärberatern aus den USA den Krieg gegen die Befreiungsbewegung weiterführen und das Regime in Saigon an der Macht halten. Bis Mitte 1971 wurden von den 537.000 GIs rund 300.000 abgezogen, dafür wurde die Saigoner Armee um 600.000 auf insgesamt 1,2 Millionen Mann erweitert. Das hieß, jeder aus Südvietnam abgezogene US-Soldat wurde durch zwei Südvietnamesen ersetzt. Präsident Richard Nixon weigerte sich, für den Abzug der restlichen 200.000 US-Soldaten einen endgültigen Termin zu nennen. Um ein den USA genehmes Regime an der Macht zu halten, forderte er, mindestens zwei bis drei US-Kampfdivisionen – wenn notwendig, noch zehn Jahre oder länger – in Südvietnam zu belassen. Von Hanoi verlangte er weiterhin, die Unterstützung des Befreiungskampfes im Süden einzustellen.

Die DRV zeigte Kompromissbereitschaft und bot an, bereits im Vorfeld einer Übereinkunft mit der von den USA geforderten Freilassung der gefangen genommenen US-Piloten zu beginnen. Die RSV erklärte sich bereit, in Südvietnam mit der Saigoner Regierung ein Kabinett der Nationalen Einheit zu bilden, das seine Neutralität erklären sollte. Die Vorschläge stießen nicht nur in Saigon, sondern auch auf internationaler Ebene auf ein breites positives Echo und versetzten die USA in Verlegenheit. In Südvietnam bekundeten nichtkommunistische Oppositionelle aus Kreisen der Intelligenz, der Buddhisten, Katholiken und anderer bürgerlicher Schichten, die sich als »dritte Kraft« zwischen der Saigoner Regierung und der Provisorischen Revolutionären Regierung verstanden, Interesse, und selbst in der Armee gab es zustimmende Äußerungen. Die USA und das Saigoner Regime lehnten ab.

Danach begannen am 1. April 1972 die Befreiungsstreitkräfte im Süden eine neue landesweite Offensive. Drei operative Gruppierungen in Stärke von jeweils drei Divisionen rückten auf Hue und die schwer befestigte US-Luft- und Marinebasis Da Nang vor, griffen die Stützpunkte im Hochland von Pleiku an und stießen bis auf die Vororte von Saigon vor. Die RSV setzte zum ersten Mal ganze Regimenter von Panzern, Artillerie und Flak ein. *Die Zeit* aus Hamburg berichtete: »Die logistische Vorbereitung der Offensive war hervorragend. Trotz eines unaufhörlichen Flächenbombardements auf die Nachschubwege, trotz ausgedehnter Säuberungsaktionen, trotz eines ausgeklügelten elektronischen Überwachungssystems, ist es dem Generalstab möglich gewesen, über Hunderte von Kilometern schwere Panzer und schwere Geschütze bis tief in den Süden zu schaffen.«

Ein beträchtlicher Teil dieser Waffen wurde auf dem sogenannten Ho-chi-Minh-Pfad nach Süden transportiert. Denn über die Straße Nr. 1, die zum Teil unter freiem Himmel ver-

lief, konnte das nur teilweise geschehen. Diese strategische
Verkehrsader führte im Westen an der Grenze zu Laos und
Kambodscha bis nach dem auf der Höhe Saigons liegenden Tay
Ninh durch das Truong-Son-Gebirge, auch die Kordilleren
Vietnams genannt. Der Ho-chi-Minh-Pfad bestand aus zwei
breiten betonierten Straßen und einer großen Zahl paralleler
Ausweichrouten in einer Länge von über 5.000 km, die durch
die von dichten Dschungelwäldern bedeckten Bergrücken
führten. Parallel zur Truong-Son-Route verlief eine Erdöl-
pipeline, über die zur letzten Offensive im Frühjahr 1975 die
Kraftstoffversorgung für die Panzerverbände der Befreiungsstreitkräfte sichergestellt wurde. Sie war, ebenfalls mit Aus-
weichleitungen, zirka 3.000 km lang.

B-52 über Hanoi

Washingtons SEATO-Verbündete rechneten mit dem Sturz
des Saigoner Regimes. Im Pentagon erwog man, eine »Unter-
brechung der Vietnamisierung«. Das hätte jedoch laut *Finan-
cial Times* den »politischen Selbstmord« Präsident Nixons,
der zur Wiederwahl antrat, bedeutet. Um der Lage Herr zu
werden, ließ Nixon die Luftangriffe auf Nordvietnam wieder aufnehmen. Zur Begründung bezichtigte er die DRV
der »Aggression in Südvietnam«. Die DRV, die sich stets zu
ihrer Unterstützung des Befreiungskampfes in Südvietnam
bekannt hatte, bekräftigte diese Haltung in einer Erklärung
am 26. April 1972: »An jedem Ort des vietnamesischen Territoriums, wo es eine Aggression gibt, haben alle Vietnamesen
das Recht und die Pflicht, gegen die Aggressoren zu kämpfen,
um die Unabhängigkeit und Freiheit des Vaterlandes zu verteidigen. Solange die US-Imperialisten ihre Aggression gegen Vietnam fortsetzen, bleibt das vietnamesische Volk entschlossen,
gegen die US-Aggressoren zu kämpfen. Das ist das heilige Recht
des vietnamesischen Volkes auf Selbstverteidigung.«

Die *International Herald Tribune* schrieb, es gelinge nicht, »den Willen Hanois zu brechen oder die größte Offensive seit Dien Bien Phu abzuwenden.« Nixon ließ die Angriffe fortsetzen. In der Hafenstadt Haiphong, Umschlagplatz für die Waffenlieferungen aus der UdSSR, legten B-52 ganze Wohnviertel in Schutt und Asche. Auch der im Hafen liegende DDR-Frachter »Halberstadt« erhielt einen Raketenvolltreffer. Die US-Navy verminte alle Häfen Nordvietnams aus der Luft, um den Nachschub aus der UdSSR auf dem Seewege zu blockieren. Entlang des Roten Flusses wurden die Deiche angegriffen. Im Golf von Tongking zog das Pentagon eine Armada von 60 Kriegsschiffen zusammen, darunter fünf Flugzeugträger. Am 18. Dezember 1972 wurden die Angriffe mit B-52 auf Hanoi ausgedehnt und in den folgenden 12 Tagen 500 Einsätze geflogen. Der Korrespondent der Nachrichtenagentur ADN (DDR), Hellmut Kapfenberger, berichtete, dass in dieser Zeit über Nordvietnam insgesamt 140 B-52 und bis zu 700 Jagdbomber Angriffe flogen, dabei über 100.000 Tonnen Bomben und Raketen gewaltige Schäden anrichteten und Tausende Opfer unter der Zivilbevölkerung forderten. Nur 12 Prozent der angegriffenen Ziele waren militärische Objekte. Fast 4.000 Tote und Verletzte zählte allein Hanoi, obwohl viele Frauen und die meisten Kinder der Hauptstadt ebenso wie Haiphongs und anderer Städte evakuiert worden waren.

Die DRV war jedoch nicht in die Knie zu zwingen. Die Londoner *Daily Mail* schrieb, Nixon habe offenbar »nicht mit dem Erfolg der Raketen sowjetischer Bauart und ihrer nordvietnamesischen Bedienungsmannschaften gerechnet, die täglich zwei der riesigen Bomber mit acht Triebwerken abgeschossen haben.« Insgesamt verlor die USAF in der letzten Luftschlacht über der DRV 33 B-52. Alles in allem schoss deren Luftabwehr 1972 allein von 200 dieser im pazifischen Raum verfügbaren Maschinen 54 ab.

Am 15. Januar 1973 musste Nixon die Luftangriffe auf Nordvietnam einstellen. Am 22. Januar wurden die Pariser Abkommen paraphiert und am 27. Januar von den vier beteiligten Seiten unterzeichnet. Am 2. März 1973 wurde der Vertrag durch eine Internationale Vietnamkonferenz gebilligt, an der neben den USA und den drei vietnamesischen Seiten weitere ständige Mitglieder des UN-Sicherheitsrats sowie Ungarn, Polen, Kanada und Indonesien teilnahmen.

Die Verträge, über welche die *Frankfurter Allgemeine Zeitung* (FAZ) am 26. Januar 1973 berichtete, fixierten ein Waffenstillstandsabkommen, die Bildung einer souveränen Regierung in Südvietnam und die friedliche Wiedervereinigung des Nordens mit dem Süden. Von besonderer Bedeutung war, dass zum Waffenstillstand festgelegt wurde, dass die Streitkräfte beider Seiten dort verbleiben sollten, wo sie sich zum aktuellen Zeitpunkt befanden. Das bedeutete die Anerkennung der befreiten Gebiete Südvietnams als von der FNL kontrolliertes Territorium. Zur Realisierung der Verträge wurde in dem Pariser Vorort La Celle-Saint Cloud eine Konsultativkonferenz der beiden südvietnamesischen Seiten eingerichtet.

Die Pariser Verträge gaben den USA die Möglichkeit, den Krieg unter halbwegs ehrenvollen Bedingungen zu beenden. Wie 1954 nach den Genfer Indochina-Abkommen hielten sie sich aber auch nicht an diese Verträge. Das betraf auch den Artikel 21, der festlegte, dass »die Vereinigten Staaten zur Heilung der Wunden des Krieges und zum Nachkriegsaufbau der DRV und ganz Indochinas beitragen«. Präsident Nixon hatte am 1. Februar 1973 dazu die Bereitschaft der USA erklärt, »zum Wiederaufbau nach dem Krieg etwa 3.250 Millionen Dollar in einem Zeitraum von fünf Jahren als nicht rückzahlbare Hilfe zu leisten«. Die USA knüpften das, wie Henry Kissinger während eines Besuchs am 10. Februar in Hanoi durchblicken ließ, an die Bedingung, dass die DRV die Unterstützung des

Befreiungskampfes im Süden einstelle. Die Quittung für den Bruch der Pariser Verträge erhielten die USA mit der letzten Offensive der Befreiungskräfte im Frühjahr 1975, die mit der Einnahme Saigons am 30. April und damit der Befreiung Südvietnams endete.

7. Von der Tet-Offensive zur Befreiung Saigons

Die Strategische Wende

In Südvietnam hatte die Befreiungsarmee in der Nacht zum 31. Januar 1968 eine den Gegner völlig überraschende und die strategische Wende des Krieges einleitende Offensive begonnen. Sie ging in die Geschichte als Tet-Offensive, von den Vietnamesen »Offensive des Affen« genannt, ein. Sie war ein wesentlicher Faktor, der Washington zwei Monate später nicht nur zwang, den Pariser Friedensgesprächen zuzustimmen, sondern später auch die FNL als Verhandlungspartner zu akzeptieren.

Mit dieser Offensive setzte sich die DRV gegenüber Vorbehalten der UdSSR durch, die lange Zeit eine Befreiung des Südens kaum für möglich hielt und Hanoi zur Zurückhaltung bzw. auch zur Hinnahme des Status Quo bringen wollte. Wenn jetzt ein Umdenken einsetzte, spielte eine Rolle, dass sowjetische Militärs in Vietnam besser als anderswo in der Dritten Welt ihre, von hoch motivierten Soldaten bedienten, Waffen unter härtesten Kriegsbedingungen erproben konnten. Hinzu kam, dass die DRV sich anschließend mit dem Einmarsch der Warschauer-Pakt-Staaten in die ČSSR solidarisierte, während Peking ihn scharf verurteilte. Auch hier wirkte der militärische Faktor mit. Den Militärs um Vo nguyen Giap war seit Beginn der US-Luftangriffe klar, dass nur die UdSSR die militärtechnischen Kapazitäten besaß, mit denen das Land wirksam verteidigt und die Streitkräfte im Süden mit den erforderlichen schweren Waffen für offensive Operationen ausgerüstet werden konnten.

Erbitterte Straßenkämpfe in Hue

Von der am 17. Breitengrad gelegenen Kreisstadt Dong Ha bis hinunter zur südlichsten Provinz Bac Lieu griffen die Truppen der RSV das über 500.000 Mann starke US-Expeditionskorps und die 700.000 Bajonette zählende Saigoner Armee in zahlreichen Stellungen und Stützpunkten an und drangen sogar in Hue und Saigon ein. Unter den angegriffenen Positionen befanden sich 43 Kreis- und Provinzhauptstädte, Hunderte kleinere von US-amerikanischen oder Saigoner Truppen besetzte Ortschaften sowie 20 Stützpunkte und Luftwaffenbasen der USA, darunter die größten wie Bien Hoa, Pleiku und das von 30.000 Marines verteidigte Da Nang, die wochenlang im Feuer von Raketen und Granaten der Angreifer lagen.

Die US-Nachrichtenagenturen sprachen von einer Katastrophe für das Pentagon und seine Saigoner Hilfstruppen. In Hue fanden über vier Wochen schwere Straßenkämpfe statt. Die Fahne der FNL wehte auf der Zitadelle der alten Kaiserstadt, ehe es der 1. US-Luftlandedivision und Marines gelang, die Stadt wieder unter ihre Kontrolle zu bringen.

In Saigon wurden das Hauptquartier General Westmorelands, der Generalstab der Regierungsarmee, der Präsidentenpalast und die Polizeizentrale angegriffen. Ein Stoßtrupp von 19 Mann drang in die schwer bewachte US-Botschaft ein und schlug sechs Stunden lang die Angriffe Hunderter Marines und Special Forces zurück. Danach gelang es den Befreiungskämpfern laut einem Bericht der nordvietnamesischen Nachrichtenagentur VNA, »sich vom Gegner zu lösen« und zu ihrer Einheit zurückzukehren.

Bei einem Angriff auf den Saigoner Flugplatz wurden 20

Flugzeuge zerstört. Die Straßenkämpfe in Saigon dauerten noch monatelang an. In den Städten, aus denen sich die FNL nach den Kämpfen zurückzog, blieben gefestigte oder neue Stützpunkte des Widerstands zurück. War der Kampf bis dahin vor allem auf dem Lande geführt worden, so trug ihn die Tet-Offensive in die Städte, aus denen er nicht mehr verdrängt werden konnte.

Eine Schlacht, wie bis dahin ohnegleichen, fand um den schwer befestigten US-Stützpunkt Khe Sanh auf der Hochebene im nördlichen Teil Südvietnams etwa 50 km südlich der Demarkationslinie statt. Seine Besatzung zählte 6.000 US-amerikanische Soldaten und Offiziere, von denen viele während einer 170 Tage dauernden Belagerung ums Leben kamen. Nachdem Khe Sanh nur noch aus der Luft versorgt werden konnte, evakuierte das US-Oberkommando schließlich seine restliche Besatzung.

Die Planung der Tet-Offensive schloss von Anfang an ein, dass die eingenommenen Städte, Stützpunkte und Stellungen des Gegners nach einer gewissen Zeit wieder aufgegeben werden müssten. Das als Niederlage zu bezeichnen, ging an der Realität vorbei. Es handelte sich im Gegenteil um die schwerste militärische Schlappe, welche die USA bis dahin erlitten. In 14 Stützpunkten kapitulierten die südvietnamesischen Besatzungen. Tausende Soldaten liefen zu den Befreiungskräften über oder desertierten. Auf Seiten der US-Streitkräfte verlor die 173. Luftlandebrigade zwei Drittel ihrer Soldaten. Eine Luftkavallerie- und zwei Infanteriedivisionen erlitten schwere Verluste.

Das US-Oberkommando leugnete die Niederlage und sprach von einem »vollkommenen Sieg«. Die Lage sei »völlig unter Kontrolle«, dem »Vietcong« eine »schwere Niederlage« beigebracht worden. Die FNL strafte das Pentagon im Mai/Juni 1968 mit einer zweiten Offensive erneut der Lügen.

Sie griff gleichzeitig über 120 Zentren des Gegners an. Im Mekong-Delta fanden in 16 Provinzen Kämpfe statt, in Saigon tobten wieder schwere Gefechte. Diese zweite Offensive verdeutlichte erneut, dass die USA die strategische Initiative verloren hatten.

Am 3. September 1969 verstarb Ho chi Minh. In Washington erwartete man, dass sein Tod die Widerstandskraft Vietnams lähmen würde. Nichts dergleichen geschah jedoch, denn er hinterließ kein Vakuum.

USA und Saigon brachen Waffenstillstand

Im Rahmen der Vietnamisierung des Krieges überließ das Pentagon der Saigoner Armee nicht nur die Waffen und die gesamte Technik seiner abziehenden Truppen, sondern rüstete sie auch zusätzlich mit modernsten konventionellen Waffen zur zweitgrößten asiatischen Streitmacht nach der VR China auf. Während US-amerikanische Militärberater vor Ort bis hinunter zur Kompanie die Truppen des Saigoner Regimes in die neuen Waffen einwiesen, befanden sich nochmals 12.000 Saigoner Offiziere zu Fortbildungslehrgängen in den USA.

Um weiteren Niederlagen zu entgehen, zogen die USA nach zahlreichen Verzögerungsmanövern zwar ihre noch verbliebenen Truppen bis März 1973 ab, kamen aber ihren weiteren in den Pariser Verträgen festgelegten Verpflichtungen nicht nach. Sie ließen ihre Militärberater und andere Militärexperten in Stärke von 25.000 Mann in Südvietnam, die ihre Tätigkeit als »Zivilisten« fortsetzten. Die USA verletzten die Bedingungen über den Ersatz militärischen Materials, der beiden Seiten gestattet war. In der Zeit vom 28. Januar bis zum 10. Juli 1973 erhielt die Saigoner Armee zusätzliche Flugzeuge, Panzer, Geschütze und Kriegsschiffe und weitere militärische Ausrüstungen, darunter chemische Kampfstoffe und Unmengen an Munition.

So verstärkt brach die Saigoner Armee den in Paris vereinbarten Waffenstillstand und griff die befreiten Gebiete an. Bei solchen »Befriedungs«-Operationen wurden Zehntausende Menschen, wie in den Jahren zuvor meist Frauen, Kinder und ältere Menschen, getötet oder verletzt. Der *U. S. News & World Report* schrieb am 4. Februar 1974, die Saigoner US-Botschaft bilde das »Ost-Pentagon«, ein »gefechtsbereites Zentrum, das sich in nichts von einem Kommandoposten aus der Zeit unterscheidet, als die Amerikaner noch am Kampf teilnahmen.«

Die Saigoner Behörden verweigerten nicht nur die festgelegte Freilassung von rund 200.000 eingekerkerten Menschen, sondern warfen weitere 60.000 Personen, die sich für die Verwirklichung der Pariser Abkommen einsetzten, in die Gefängnisse. Der Saigoner Präsident Thieu betrieb in aller Öffentlichkeit die Sabotage der Pariser Abkommen. Am 9. März 1973 erklärte er seine Regierung und seine Armee »zur einzigen in Südvietnam«. Am 12. Oktober drohte er, wer sich als »Neutralist oder Pro-Kommunist bezeichnet, überlebt keine fünf Minuten«. Am 28. Dezember 1973 kündigte er an: »Es wird keine Wahlen geben, keinen Frieden, und die Konferenz von La Celle-Saint Cloud wird niemals zu einer politischen Lösung führen.« Am 16. April 1974 verließen die Vertreter Saigons die Konferenz, die damit scheiterte.

Die RSV beginnt die letzte Schlacht

Proteste gegen die Verletzung der Pariser Abkommen seitens der RSV und der DRV und Appelle, eine friedliche Regelung nicht zu blockieren, verhallten ungehört. Angesichts dieser Situation begann die Befreiungsarmee, sich ab Oktober 1974 auf ihre letzte große Offensive vorzubereiten, um das Thieu-Regime zu stürzen und ganz Südvietnam zu befreien. Sie wurde von ihrem General Van tien Dung geleitet.

Zwischen dem 4. und 18. März 1975 gingen die Truppen

in drei Gruppierungen in modernen Gefechtsformationen zeitlich gestaffelt im Norden, im zentralen Hochland und nördlich von Saigon zum Angriff über. Die eingesetzten Flak-Regimenter entrissen dem Gegner erstmals die Luftüberlegenheit. Am 11. März griffen die Befreiungskräfte im zentralen Hochland den schwer befestigten Stützpunkt Be Me Thuot an und nahmen ihn in nur vier Stunden ein. Der AFP-Korrespondent Paul Léandri bestätigte in *Le Monde* vom 2. April 1975, dass »die lokale Bevölkerung eine entscheidende Rolle bei der Vertreibung der Regierungstruppen aus dem zentralen Bergland gespielt« habe. Die Polizei des Regimes rächte sich, indem sie ihn am 14. April auf offener Straße ermordete.

Am 25. März fiel der Befreiungsarmee Hue fast kampflos in die Hände, da die Saigoner Truppen in wilder Panik nach Da Nang flohen, um sich dort auf die Schiffe der 7. US-Flotte zu retten. Der Zerfall des Regimes zeichnete sich bereits ab. Immer mehr Einheiten der Saigoner Armee lösten sich auf. Am 29. März befand sich die einst als uneinnehmbar propagierte riesige Luftwaffen- und Marinebasis Da Nang in der Hand der RSV-Truppen, die eine große Zahl von Waffen erbeuteten, darunter Dutzende Flugzeuge und etwa 200 Panzer.

Die US-Militärführung versuchte, ihren Saigoner Anhang zum Widerstand bis zum letzten Mann und zur letzten Patrone durch Angstparolen vor den »Vietcong« anzustacheln. Die Armeezeitschrift *The Arms and Stripes* titelte einen ihren Berichte: »Mindestens eine Million Südvietnamesen wird von den Roten ermordet werden.« Die Parolen griffen jedoch kaum noch, zumal die Befreiungsarmee gefangene Saigoner Soldaten oft einfach laufen ließ und sich das herumsprach. Die Partisanen spazierten offen auf den Straßen, auf denen die Saigoner flohen. Sie schwatzten mit den Dorfbewohnern und winkten den Regierungssoldaten zu, die sich in Lastwagen zurückzogen. Auf einem handgefertigten Plakat stand: »Sieg ohne Blutvergießen«.

Thieu räumte überstürzt das zentrale Hochland, um die Front zu verkürzen und Saigon besser verteidigen zu können. Außerdem versuchte er, die USA zum Wiedereinsatz ihrer Truppen zu bewegen. Die Befreiungsarmee drang nun vom zentralen Hochland auf Saigon vor. Es begann die letzte Etappe der letzten Offensive. Am 9. April wurden die ersten Stellungen im Vorfeld des Verteidigungsringes von Saigon angegriffen. Am 19. April unterbreitete die Provisorische Revolutionäre Regierung nochmals ein Friedensangebot. Als einzige Bedingung verlangte sie den Rücktritt Thieus. Es erfolgte keine Antwort.

Big Minh kapituliert

Am 30. April 1975 stieß die Vorausabteilung eines Panzer-Regiments der Befreiungsstreitkräfte handstreichartig, wie es in Presseberichten hieß, ohne Gegenwehr in das Zentrum von Saigon vor. Die T-54 donnerten an der US-Botschaft vorbei zum Sitz des Saigoner Präsidenten. Der Führungspanzer rammte das schmiedeeiserne Tor auf. Der Regimentskommandeur kletterte aus dem Geschützturm und ging mit einigen Offizieren die Treppen zum Palast hoch. Es regte sich kein Widerstand. Als er den Sitzungssaal betrat, erhoben sich Duong van Minh, dem man drei Tage vorher das nunmehr verhasste Präsidentenamt aufgehalst hatte, und sein Vizepremier Vu van Mau.

»Big Minh«, wie der mit 1,80 Meter ungewöhnlich große Südvietnamese genannt wurde, hatte 1963 den Putsch gegen Diem angeführt. Gelegentlich hatte er in den letzten Jahren allgemein zu einem »Friedensschluss« aufgerufen. Dass ihn US-Botschafter Martin Graham für den Mann gehalten hatte, der für die »Vietcong« noch am ehesten akzeptabel für eine Übergabe sein könnte, ergab sich daraus, dass er einen Bruder in Nordvietnam hatte, der nichts Geringeres war als General der Volksarmee. Verfeindete Brüder in einem geteilten Land.

Einige Stunden vorher hatte Minh über Radio die Bereitschaft zur Kapitulation erklärt, sich dabei als erster Saigoner
Vertreter an die RSV-Regierung gewandt und erklärt, die
Verwaltung ordnungsgemäß zu übergeben. Nun stand er
dem feindlichen Offizier gegenüber, der ihn zur bedingungslosen Kapitulation aufforderte. Die unterschrieb Minh dann
auch. Vorher wurde er zur Rundfunkstation gebracht, wo er
die Saigoner Armee aufforderte, den Kampf einzustellen und
die Waffen niederzulegen. Minh stand dann zwei Tage lang
den verschiedenen Vertretern der PRR Rede und Antwort
und lieferte ihnen aus, was an Dokumenten des Regimes noch
vorhanden war. Danach konnte er sich in seine Wohnung zurückziehen.

Inzwischen waren der letzte Widerstand gebrochen, Minis-
terien und wichtige Dienststellen, der Generalstab, Rundfunk-
und Fernsehstationen besetzt und die Verkehrsknotenpunkte
unter Kontrolle gebracht worden. Die noch in Südvietnam
verbliebenen 25.000 US-Militärberater waren in den Tagen
vorher abtransportiert worden. Das Saigoner Regime war zu-
sammengebrochen. Es waren keine Minister mehr anzutreffen
und die meisten Generäle hatten ebenfalls das Weite gesucht.
Ihre Familien hatten viele schon Monate vorher in Erwartung
der Niederlage nach Bangkok evakuiert. Beamte und Offiziere plünderten die Läden der Geschäftsviertel. Fernsehgeräte,
Fotoapparate, Radios, Duschen, Toiletten, Fensterrahmen,
Lampen, alles wurde demontiert, weggekarrt.

Präsident Fords letzter Befehl

Auf dem US-Botschaftsgelände rauchten Öfen, in die CIA-
Leute ihre Geheimakten warfen. Wie später bekannt wurde,
fielen aufschlussreiche Top-Secret-Dokumente in die Hand
der Befreier darunter auch Listen von Agenten der CIA. Das
war umso prekärer, als der Saigoner Stationschef es nicht ge-

schafft hatte, viele seiner wichtigsten Informanten auszufliegen. Ihm selbst war es gerade noch gelungen, sich mit einem Hubschrauber zum Kommandantenschiff »Blue Ridge« abzusetzen.

Am 28. April 1975 erging der letzte Befehl Präsident Gerald Fords an Botschafter Graham: Mit der Evakuierung zu beginnen und sich selbst in Sicherheit zu bringen. Bis zuletzt hatte Washington die Evakuierung hinausgezögert, weil nicht mit einer so raschen Einnahme Saigons gerechnet wurde. 81 Helikopter standen Graham zur Verfügung. Da der Saigoner Flugplatz bereits gefallen war, mussten sie vom Dach der Botschaft und den Dächern einiger umliegender Gebäude starten. US-Marines sicherten im Botschaftsgebäude die Treppen, über die Vietnamesen nach oben drängten, um mitgenommen zu werden. Sie schwenkten ihre Pässe mit den US-Visa, die sich manche für 100.000 Dollar in Hongkong besorgt hatten. Die Hubschrauber flogen alle paar Minuten zu den vor Saigon liegenden Kriegsschiffen. Wütende Saigoner Soldaten feuerten auf abfliegende Maschinen, US-Marines erwiderten das Feuer. Nach 14 Stunden hob der letzte Helikopter ab. Das Personal des US-Konsulats verließ die Stadt mit zwei Flussschiffen auf dem Mekong in Richtung Meer. Zurück blieben Tausende hoher Kollaborateure, denen Graham ebenfalls die Evakuierung versprochen hatte. Insgesamt blieben 130.000 Vietnamesen zurück, die eng mit den USA zusammengearbeitet und denen Aufnahme in den USA zugesagt worden war.

Den Krieg hatten 58.000 US-Soldaten mit ihrem Leben bezahlt. Die Zahl der Verkrüppelten war um ein Mehrfaches höher. Unzählige litten unter dem sogenannten »Vietnamsyndrom«, das bei etwa 60.000 Armee-Angehörigen in den folgenden Jahren zum Selbstmord führte. Von den verbündeten Armeen der USA fanden zirka 7.000 Soldaten den Tod.

Saigon wird Ho-chi-Minh-Stadt

Als Duong van Minh die Saigoner Truppen aufforderte, das Feuer einzustellen, hatten diese bereits aufgehört zu kämpfen. Auf Straßen und Plätzen stapelten sich die von ihnen weggeworfenen Waffen zu großen Haufen. Vor öffentlichen Gebäuden und an Straßenkreuzungen standen bereits am Abend des 30. April 1975 Posten der Befreiungsstreitkräfte in ihren einfachen olivgrünen Uniformen. Auf Straßen und Plätzen wurden die Befreier stürmisch begrüßt. Die Bevölkerung überzeugte sich bald, dass die von den USA und Saigon betriebene Gräuelpropaganda mitnichten der Wahrheit entsprach. Es gab keine Erschießungen, keine Gewalt, keine Plünderungen, die Bo Doi, die Volkssoldaten, wie die Kämpfer der Befreiungsarmee genannt wurden, erwiesen sich als Menschen aus dem Volk.

8. Laos und Kambodscha – Die zweite Front

US-Intervention in Laos

Die von der Befreiungsfront Neo Lao Haksat (NLH) geführte Widerstandsbewegung des nur drei Millionen Einwohner zählenden Königreichs am Mekong proklamierte am 12. Oktober 1945 im Ergebnis eines Volksaufstands gegen die französische Kolonialherrschaft die nationale Unabhängigkeit. Wie in Vietnam fiel Frankreich danach erneut auch in Laos ein, um seine Kolonialherrschaft wieder zu errichten. Unter Prinz Souphanouvong stellten sich die Einheiten des Pathet Lao (Freies Laos) den Kolonialtruppen entgegen. Im März 1946 erlagen sie bei Thakhek in Südlaos deren Übermacht. 1954 hatten sie jedoch wieder zwei Drittel des Landes befreit und mussten zu den Genfer Indochina-Verhandlungen hinzugezogen werden. Diese legten auch für Laos eine friedliche und unabhängige Entwicklung fest. Die profranzösischen Regierungstruppen und die Einheiten des Pathet Lao waren als gleichberechtigte Streitkräfte anerkannt worden. Die Pathet-Lao-Truppen, die große Gebiete in Mittel- und Südlaos kontrollierten, zogen sich vertragsgemäß in die Nordprovinzen zurück. Die als legale Partei anerkannte NLH sollte an der königlichen Regierung in Vientiane beteiligt werden.

Wie in Südvietnam traten die USA auch in Laos die Nachfolge Frankreichs an und brachen die Genfer Abkommen, um das Land in eine Aufmarschbasis gegen Vietnam zu verwandeln. Bereits 1955 trafen Flugzeuge, Waffen und anderes Kriegsmaterial von Thailand über den Mekong in Laos ein. Ihnen folgten die ersten 1.000 Militärberater. So aufgerüstet, provozierten die Vientianer Truppen im selben Jahr bewaffnete Zwischenfälle mit den Pathet-Lao-Einheiten.

Am 6. Januar 1956 erneuerten Vertreter der verschiedenen Volksschichten ihr Bündnis mit der Neo Lao Haksat zum Widerstand gegen die Einmischung der USA. Der Sitz der Befreiungsfront und ihrer zahlreichen Abteilungen sowie des Oberkommandos der Pathet-Lao-Streitkräfte wurde in Sam Neua im nordöstlichen Berggebiet eingerichtet. Die in einem sich kilometerlang hinziehenden Tal liegende frühere Kreisstadt war von steil aufragenden Felsmassiven umgeben. Es gab dort wie in der gesamten nordlaotischen Bergregion unzählige Felsengrotten. Größere, die Hunderte Meter in die Berge hineinreichten und saalgroße Ausdehnungen nach den Seiten hatten; kleinere von einigen Dutzend oder nur wenigen Metern Tiefe. Seit 1964, als die US-Luftwaffe die Pathet-Lao-Gebiete anzugreifen begann, hatten in diesen Höhlen Zehntausende Menschen Zuflucht gesucht. Journalisten aus vielen Ländern, die damals dort weilten, tauften Sam Neua »die Höhlenstadt«. Hier waren Krankenhäuser, Schulen und Institute, Wohnstätten der Menschen, Betriebe, Kasernen, sogar Pagoden der Buddhisten errichtet worden. Die Grotten von Krankenhäusern und wichtigen Instituten waren mit moderner Technik ausgebaut und betoniert, mit elektrischem Licht und sogar Wasserleitungen versehen. Ein weitverzweigtes Netz von Straßen und Fußpfaden verband die einzelnen »Viertel« der Höhlenstadt miteinander. Es gab viele, wenn auch kleinere, solcher Höhlenstädte. Heute können einige von ihnen von Touristen besichtigt werden.

1957 gelang es unter Prinz Souvanna Phouma, einem Halbbruder Souphanouvongs, des Vorsitzenden der NLH, eine Koalitionsregierung zu bilden. Sie wurde durch die Interventionspolitik Washingtons mithilfe seines Vientianer Anhangs gestürzt. Ermuntert durch die USA, entfesselten die reaktionären Kräfte erneut den Bürgerkrieg und versuchten, die Pathet-Lao-Streitkräfte zu zerschlagen. Unterstützt von Truppenteilen aus dem Regierungslager, die sich unter dem Kommando des Fallschirmjäger-Kommandeurs, Hauptmann Kong Le, zunächst für neutral erklärt hatten, brachten diese jedoch bis 1960 wieder zwei Drittel des Territoriums unter ihre Kontrolle. Im Mai 1961 trat in Genf eine internationale Laos-Konferenz aus Teilnehmern der Tagung von 1954 zusammen, die im Dezember einen Vertrag über ein neutrales Laos verabschiedete. Die politischen Gruppierungen wurden aufgerufen, eine »Regierung der nationalen Union« zu bilden. Dieses Kabinett kam im Juni 1962 wiederum unter Prinz Souvanna Phouma zustande und unterzeichnete am 23. Juli in Genf ein internationales Abkommen über die Unabhängigkeit und Neutralität von Laos. Die NLH erklärte, den Königsthron zu respektieren.

Nach der fixierten Waffenstillstandslinie fielen von dem 236.880 qkm großen Territorium etwa zwei Drittel unter die Kontrolle der NLH. Das waren vor allem die für ganz Indochina strategisch bedeutsamen Bergregionen im Norden, darunter die Ebene der Tonkrüge, und der gesamten Ostkette bis hinunter zur kambodschanischen Grenze, in denen etwa die Hälfte der drei Millionen Einwohner des Landes lebte.

CIA stürzte »Regierung der nationalen Union«

Nach einer von der CIA inszenierten Ermordung des neutralen Außenministers Quinim Pholsena am 1. April 1963 wurde die »Regierung der nationalen Union« gestürzt. Danach brachten die USA in Vientiane unter Souvanna Phouma, der sich offen auf ihre Seite schlug, erneut ein reaktionäres Marionettenregime an die Macht. Das US-Militärpersonal stieg auf rund 12.000 Mann an, die Militärhilfe erreichte, die Ausgaben für die 1964 beginnenden Luftangriffe nicht mitgerechnet, zu dieser Zeit eine Milliarde Dollar. Parallel zu Südvietnam begannen die USA einen Spezialkrieg auch gegen die laotische Befreiungsbewegung, in dem 5.000 thailändische Soldaten, 3.000 Mann aus der früheren Tschiang-Kai-shek-Armee sowie nach Tausenden zählende Angehörige von Einheiten südvietnamesischer Special Forces eingesetzt wurden. Die Operationen leitete ein Stab des Militärattachés in der US-Botschaft, der nach einem Bericht der *Neuen Zürcher Zeitung* vom 28. Juni 1968 über 70 Mitarbeiter zählte.

Zum Kampf gegen die Pathet-Lao-Einheiten formierte die CIA aus den Bergstämmen der Meo eine Söldnertruppe, welche die *International Herald Tribune* am 27. Oktober 1969 auf etwa 40.000 Mann bezifferte. Ihre gesellschaftliche Rückständigkeit und ihre kriegerischen Eigenschaften machten die Meo in den Augen der Invasoren zu einem geeigneten Verbündeten. Die CIA kaufte das von den Meo angebaute Opium auf und korrumpierte deren Stammesführer mit hohen Zuwendungen. Zum Kommandeur der Meo-Truppe ernannte die CIA im Generalsrang den aus der Ebene der Tonkrüge kommenden Stammesführer Van Pao, der bereits in der französischen Kolonialarmee als Feldwebel gedient hatte. Die Versorgung seiner Truppe erfolgte unter dem Deckmantel US-amerikanischer Entwicklungshilfe auf dem Luftweg, durch die »Agency for International Development«.

Luftkrieg gegen Pathet Lao

Am 17. Mai 1964, noch drei Monate vor den Luftangriffen gegen die DRV, begann die USAF die Pathet-Lao-Gebiete zu bombardieren. Die US-amerikanische *Time*, schrieb im März 1968, dass die US Air Force über Laos ebenso viel Bomben abwerfe wie über Nordvietnam. Nach der Einstellung des Bombenkriegs gegen die DRV am 1. November 1968 nutzten die USA sofort einen Teil des frei gewordenen Potenzials, darunter B-52-Geschwader, um die Luftangriffe gegen die Pathet-Lao-Gebiete zu verstärken. *Newsweek* schrieb im März 1969, dass die Luftüberfälle auf Laos den Luftkrieg gegen die DRV vor Verkündung des Bombenstopps noch überträfen. Wie in Vietnam richtete sich der Luftterror vor allem gegen die Zivilbevölkerung; ihre Existenzbedingungen sollten vernichtet, sie selbst sollte demoralisiert und die NLH ihrer Unterstützung beraubt werden.

Erbitterte Kämpfe fanden vom Sommer 1967 bis Februar 1969 zwischen den Marionettentruppen und den Pathet-Lao-Einheiten in der Ebene der Tonkrüge statt. Das auf dem nordostlaotischen Hochplateau liegende Gebiet war von entscheidender strategischer Bedeutung. Wer es besetzte, beherrschte faktisch den gesamten Norden von Laos, bedrohte die Hauptoperationsbasis der NLH in Sam Neua und die Westgrenze Nordvietnams. Ziel der USA war es, die NLH zu zwingen, den Kampf einzustellen, ihren Einfluss auf ganz Laos auszudehnen und die DRV unter Druck zu setzen, um sie bei den seit 1968 in Paris geführten Friedensverhandlungen für eine »Vietnamregelung« im Sinne Washingtons gefügig zu machen. Das hätte, so die Spekulationen des Pentagons, schließlich die FNL in Südvietnam isoliert und den Weg zu ihrer Zerschlagung freigemacht. Auch wäre eine Veränderung des Kräfteverhältnisses in Laos zugunsten der USA eine eindeutige Warnung an das zu dieser Zeit neutrale Kambodscha gewesen, seine kritische Haltung gegenüber Washingtons Interventionspolitik aufzugeben.

In einer großangelegten Offensive gelang es den von US-amerikanischen Militärs geführten Vientianer Truppen mit massiver Luftunterstützung der USAF bis vor den Sitz der Befreiungsfront in Sam Neua vorzudringen. Während der Bodenkämpfe flogen US-Jagdbomber von ihren Stützpunkten in Thailand und den Flugzeugträgern im Golf von Tongking aus täglich Hunderte Einsätze. Dem Luftterror fielen ganze Ortschaften, Tausende Häuser, 116 Schulen, 15 Krankenhäuser, 336 Pagoden zum Opfer; Tausende Zivilisten, meist Frauen und Kinder, fanden den Tod. Aus den zeitweilig besetzten Gebieten wurden über 20.000 Menschen vertrieben und in Konzentrationslager gesperrt, wo Tausende verhungerten. Für die NLH entstand eine äußerst bedrohliche Situation. Ihre Truppen mussten sich zurückziehen. Die blutigen Kämpfe zogen sich fast sechs Monate lang hin. Mit Unterstützung vietnamesischer Freiwilliger, welche die Pathet-Lao-Einheiten verstärkten, ging die NLH am 10. Februar 1969 zur Gegenoffensive über und vertrieb die Vientianer aus der gesamten Hochebene.

Sieg in Vientiane
Wie schon zweimal, nach 1945 und 1954, wirkte sich auch im April 1975 der Sieg der vietnamesischen Befreiungskräfte günstig auf den Kampf der NLH in Laos aus. Ihre Streitkräfte stießen mit Unterstützung ihrer vietnamesischen Verbündeten aus den Bergen in die Ebenen vor, befreiten eine Provinz nach der anderen und marschierten am 23. August 1975 in Vientiane ein. Nach der Abdankung des Königs rief ein Nationalkongress der Volksvertreter am 2. Dezember 1975 die Volksdemokratische Republik Laos aus, an deren Spitze Souphanouvong als Präsident gewählt wurde. Aus der Patriotischen Front Neo Lao Haksat, in der alle Volksschichten vertreten waren, ging die Laotische Revolutionäre Volkspartei hervor.

Kambodscha im Visier des Pentagon

Seit den Niederlagen im Luftkrieg gegen Nordvietnam, in der Tet-Offensive im Süden und in der Ebene der Tonkrüge in Nordlaos steckten die USA in der Sackgasse. In Paris wurde ab November 1968 über eine friedliche Lösung verhandelt. Unter dem Druck der Pariser Gespräche hatte Washington begonnen, seine Kriegsziele zu begrenzen. Es ging nun nicht mehr darum, nach Nordvietnam zu marschieren, sondern um den Status quo, was hieß die Republik Südvietnam zu liquidieren und ebenso die Pathet Lao niederzuschlagen, um die von den USA abhängigen Regimes in Saigon und in Vientiane zu erhalten. Dazu musste eine durchgängige Landfront gegen die FNL und die NLH geschaffen und die dem im Wege stehende neutrale, mit der FNL sympathisierende kambodschanische Regierung unter Prinz Norodom Sihanouk in Phnom Penh ausgeschaltet werden.

Die CIA-Station an der US-Botschaft in Phnom Penh begann, einen Putsch vorzubereiten, der am 18. März 1970 Sihanouk stürzte und ein proamerikanisches Regime unter General Lo Nol an die Macht brachte. Nach dem Umsturz wurden Zehntausende Angehörige der vietnamesischen Minderheit, die man verdächtigte, »Vietcong«-Kontakte zu unterhalten, bestialisch umgebracht. Ein Bericht der *Frankfurter Rundschau* beschrieb am 23. April 1970 ein »Bild des Grauens« am Mekong. »Im gelblichen Wasser treiben Leichen dem chinesischen Meer zu. Alle Toten haben die Hände auf dem Rücken gefesselt, und manche sind zu Gruppen bis zu zehn Mann gebündelt. Die Kadaver zeigen Spuren von Einschüssen, den anderen ist der Kopf ganz oder halb vom Rumpf getrennt.«

Gegen Lo Nol regte sich Widerstand selbst in den kambodschanischen Streitkräften, so dass er sich nicht ohne »Washingtoner Feuerwehr« halten konnte. Obwohl die *Washington Post* am 19. April 1970 vor den Folgen warnte, gab Präsident Nixon grünes Licht für eine Invasion.

Um der Überfall zu tarnen, behauptete Washington, im nordöstlichen Grenzgebiet Kambodschas, an der Südspitze von Laos seien Truppen der DRV stationiert und befinde sich das Hauptquartier der FNL. Die kambodschanische Regierung und Staatschef Sihanouk hatten dies immer als provokatorische Verleumdungen zurückgewiesen. Auch die Internationale Kontrollkommission zur Überwachung der Genfer Indochina-Abkommen widerlegte nach Inspektionen vor Ort diese Behauptungen.

Bereits im Mai 1967 hatte der kambodschanische Vertreter vor dem Russell-Tribunal in Stockholm nachgewiesen, dass die USA in den vorangegangenen fünf Jahren über 1.000 Mal durch Luftangriffe und mit Bodentruppen von Südvietnam aus kambodschanisches Territorium verletzt hatten. Im November desselben Jahres hatte die kambodschanische Regierung vor dem UN-Sicherheitsrat gegen erneute schwere Aggressionsakte der USA und ihrer Saigoner Verbündeten protestiert. Einen Monat später hatte Phnom Penh der UNO ein Weißbuch vorgelegt, in dem nachgewiesen wurde, dass die Aggressionsakte der USA seit 1967 auf mehr als 8.000 angestiegen waren. Seit 1962 hatte es insgesamt 1.864 Überfälle zu Lande, 8.149 aus der Luft und 165 in den Territorialgewässern gegeben, bei denen 293 Kambodschaner getötet und 690 verwundet worden waren, in der überwiegenden Mehrheit Zivilpersonen.

Am 1. Mai 1970 fielen dann 15.000 Soldaten der USA und Saigons von Südvietnam aus in Kambodscha ein oder wurden von Transportmaschinen und Hubschraubern abgesetzt. Das Interventionskorps wurde in den folgenden Tagen auf über 50.000 Mann verstärkt. Vor der Küste des Landes verhängten Kriegsschiffe der 7. US-Flotte und der Saigoner Marine eine Seeblockade. Auf dem Mekong stießen rund 100 Kanonenboote und Landungsfahrzeuge auf Phnom Penh und von dort aus weiter nach Norden vor. An der thailändischen Grenze

marschierten mehrere Divisionen auf, bereit, ebenfalls einzu-
fallen. Wie einst Diem in Südvietnam proklamierte Lo Nol zur
Tarnung des Kurses, den er unter den US-amerikanischen Bajonetten einschlug, im Oktober eine »Khmer-Republik«. 1972
rief er sich zum Staatschef aus.

Mit dem Überfall auf Kambodscha brach Washington den
letzten Rest der Genfer Indochina-Abkommen von 1954 und
dehnte den Krieg auf ganz Indochina aus. Das neutrale Kambodscha wurde als Modell für Südvietnam, wo die FNL ebenfalls
Neutralität forderte, ausgeschaltet und der Kette der US-Stütz-
punkte in Südvietnam und Laos einverleibt. Die Pentagon-
Strategen setzten an, aus dem Nordosten Kambodschas über
das südvietnamesische Hochland an die Küste vorzustoßen, die
Gebiete der FNL aufzuspalten und deren südliche Basen vom
Nachschub aus dem Norden abzuschneiden. Parallel dazu sollte
im Frühjahr 1971 von der südlich des Ben Hai verlaufenden
Straße Nr. 9 nach Südlaos hinein eine ähnliche Operation das
Zusammenwirken zwischen den Streitkräften der NLH und der
FNL unterbinden. Der *Christian Science Monitor* schrieb am
3. März 1971, das sei »für den Erfolg des Vietnamisierungs-
programms von entscheidender Bedeutung«. Beide Operatio-
nen endeten jedoch mit katastrophalen Niederlagen für die
USA und ihr Gefolge in Saigon und Phnom Penh und leiteten
das Ende ihrer Herrschaft im April 1975 in Saigon ein.

Washington förderte Machtantritt Pol Pots

Am 18. April 1975 kam, von Washington gefördert, aber auch
von Peking begünstigt, in Kambodscha die antikommunistische, demagogisch als »Rote Khmer« getarnte Regierung von
Pol Pot an die Macht. Dieses Terrorregime, das durch seinen
Völkermord berüchtigt wurde, diente als Speerspitze gegen
die am 30. April in Saigon einziehenden vietnamesischen Befreiungskräfte. Pol Pot gewährte den an die Grenze zu Kam-

bodscha flüchtenden Saigoner Truppen Unterschlupf, überließ ihnen Stützpunkte und unterstützte ihre Einfälle in das befreite Südvietnam. Im Januar 1979 antwortete die Volksarmee des wiedervereinigten Vietnam schließlich mit einer militärischen Intervention. Zusammen mit dem wachsenden kambodschanischen Widerstand gegen den barbarischen Terror beseitigte sie die Schreckensherrschaft Pol Pots, der sich nach Peking absetzen konnte. Die Regierung Heng Samrin, welche die Volksrepublik Kambodscha ausrief, stimmte der Stationierung vietnamesischer Truppen zu, die bis 1980 im Lande blieben. Washington und die meisten westlichen und prowestlichen Staaten, darunter auch die BRD sowie die VR China, ermöglichten es, dass die Massenmörder der »Roten Khmer« den kambodschanischen Sitz in den Vereinten Nationen einnehmen konnten. Die VR China fiel sogar mit Truppen in den Norden Vietnams ein, die nach heftigem vietnamesischem Widerstand aber zurückgeschlagen wurden.

9. Mord und Terror

Das System zur Unterdrückung des Widerstands gegen ihr neokoloniales Besatzungsregime in Südvietnam war ein besonders grausames Kapitel US-amerikanischer Expansionspolitik, neu war es nicht. Das Anzetteln nichterklärter Kriege, die unzähligen Interventionen und offenen Aggressionen der US-Armee und der daran beteiligten Geheimdienste waren stets von Mord, ja Massenmord, Terror und Folterungen begleitet. Die entsprechenden Einheiten wurden systematisch darauf vorbereitet. Das hatte Tradition. Schon 1889 hatte Brigadegeneral Jacob Smith seine Truppen mit folgendem Befehl in den kolonialen Eroberungskrieg auf den Philippinen geschickt: »Ich will keine Gefangenen. Je mehr Ihr tötet und niederbrennt, desto mehr macht Ihr mir eine Freude. Macht das Hinterland von Samar (eine der philippinischen Inseln; G. F.) zu einer heulenden Wildnis.«

Die »Mörderschule« in Fort Benning

Zur Ausbildung entsprechender Fachkräfte hatten die USA 1946 die Special Forces School in Fort Gulick in der US-Zone von Panama gebildet, die der »US-Militärakademie beider Amerikas« in Fort Benning im US-Bundesstaat Georgia unterstellt war. Angeblich im Dezember 2000 aufgelöst, wurde die in ganz Südamerika nur »Escuela de los Assesinos«, Mörderschule, genannte Einrichtung unter dem Namen »Western Hemisphere Institute for Security Co-Operation« umgewandelt und ihr Wirkungskreis weltweit ausgedehnt. Die bis zu diesem Zeitpunkt ausgebildeten rund 60.000 Militärs dienten in ihren Einsatzländern reaktionären Diktaturen oder stellten sich selbst an die Spitze solcher Regimes, formierten gegen progressive Entwicklungen konterrevolutionäre Banden, organisierten Mord und Terror und führten unzählige verdeckte Operationen durch. In Fort Benning absolvierten die früheren Militärdiktatoren Argentiniens Roberto Viola und Leopold Galtieri, Boliviens Hugo Banzer, El Salvadors Juan Rafael Bustillo und der Chef der salvadorianischen Todesschwadronen Major Roberto D'Aubuisson. Hier erhielten die Führer der gegen die sandinistische Revolution aufgestellten Contras ihre Ausbildung, wurden kubanische Konterrevolutionäre trainiert. Unter der Herrschaft der seit 1950 in Guatemala errichteten Militärdiktaturen wurden 140.000 Menschen ermordet oder verschwanden spurlos. Eine Million Einwohner, die dort unter dem progressiven Präsidenten Arbenz Guzmán im Zuge einer Agrarreform Land aus dem Großgrundbesitz der United Fruit Company erhalten hatten, wurden nach dessen CIA-gesteuertem Sturz aus ihren

Dörfern vertrieben. In Argentinien ließ Leopold Galtieri in seinem Terrorfeldzug gegen die Opposition 30.000 Menschen umbringen. Für Auftragsmorde an Staats- und Regierungschefs steht der viehisch umgebrachte erste Ministerpräsident des unabhängigen Kongo, Patrice Lumumba. In Fort Benning erhielten auch chilenische Offiziere ihre Ausbildung, die unter der Diktatur Pinochets nach unvollständigen Angaben 35.000 Menschen folterten und 3.000 ihrer Opfer umbrachten. Diese »Schule« absolvierten auch viele der in Südvietnam eingesetzten Folterspezialisten.

Die KZ-Insel Con Son

In Südvietnam errichteten die USA über ein Dutzend Konzentrationslager und Zuchthäuser, zu denen Hunderte von Lagern und Gefängnissen der örtlichen US-Kommandanturen und der Saigoner Verwaltungen hinzukamen. »Amnesty International« schrieb im Dezember 1972, dass die Zahl der politischen Gefangenen in Südvietnam zwischen 200.000 und 300.000 liege. Über Zehntausend davon waren in dem KZ Con Son eingesperrt, das auf der gleichnamigen Berginsel im Südchinesischen Meer lag. Die USA übernahmen es von den französischen Kolonialisten, die es Poulo Condor genannt hatten.

Die USA perfektionierten Con Son zu einer Folterhölle, welche die Insassen Teufelsinsel nannten. In Con Son gab es bereits die berüchtigten Tigerkäfige, die heute auch in Guantanamo existieren und auch in Abu Ghraib eingerichtet wurden. Über ihnen lag ein Gitter, das als Weg diente, auf dem die Wachen Tag und Nacht ihre Kontrollen machten. Jeder Käfig maß 1,50 mal 2,70 Meter. In jedem saßen drei bis vier Gefangene, oft auch fünf. Den Häftlingen war selbst das Sprechen untersagt. Verstieß einer gegen das Verbot, streuten die Wärter Kalk auf die Gefangenen, die nach dem Einatmen Blut spuckten. Entkommene Insassen sagten aus, dass sie mit Hartholzstöcken,

Gummiknüppeln und Stahlruten bis zur Besinnungslosigkeit geprügelt, mit elektrischem Strom und Feuer gemartert, ihnen durch Nase und Mund literweise Seifenlauge in den Magen gepumpt, dann auf ihren Leibern getrampelt, ihnen Kalkpuder in Nase, Mund und Augen gestreut und bis nahe zum Ertrinken der Kopf in Jauchewasser gedrückt wurde. Zu den Methoden auf Con Son gehörten Folterungen und Vergewaltigungen der weiblichen Häftlinge. Männer und Kinder mussten dabei zuzusehen. Es gab Fälle, in denen Frauen in Gegenwart ihrer Männer von sechs bis acht Folterern hintereinander vergewaltigt wurden. Anderen wurden Coca-Cola-Flaschen in die Vagina gestoßen. Den Publizisten Daniel Ellsberg und Anthony Russo gelang es im Sommer 1968 während einer Besichtigung auf Con Son auf Grund von Informationen, die ihnen Widerstandskämpfer übermittelten, bis zu den Tigerkäfigen, die man vor ihnen verborgen halten wollte, vorzudringen. Sie machten Fotos, die veröffentlicht wurden. Erich Wulff berichtete darüber in seinem Buch.

Phönix – Totenvogel der CIA

Der ägyptische Sagenvogel Phönix verbrannte sich alle 500 Jahre selbst, um aus der Asche verjüngt emporzusteigen, oft mit der Sonne verbunden. Im Christentum gilt der Phönix als Symbol der Unsterblichkeit. Die CIA gab einem ab 1968 in Südvietnam praktizierten Programm der Ermordung und Tötung Zehntausender Vietnamesen den Namen des symbolträchtigen Vogels der Unsterblichkeit und machte ihn, wie die *New York Times* schrieb, zum »Totenvogel«.

In der Luftwaffen- und Marinebasis Da Nang war für Phönix der CIA-Mitarbeiter Barton Osborn verantwortlich. Er verließ später den Geheimdienst und enthüllte dessen Praktiken, über die hier berichtet wird, in der Öffentlichkeit. So gehörte er zu den Teilnehmern mehrstündiger Vietnam-Hearings, die von der Vietnamsolidaritätsbewegung im Oktober 1970 in Bonn, Saarbrücken und Nürnberg stattfanden. Zu den Vertretern der Antikriegsbewegung aus den USA gehörte auch der Jurist Stanley Faulkner, Verteidiger von US-Deserteuren und Mitgliedern der Black Panther. An diesen Veranstaltungen nahmen damals insgesamt rund 4.500 Menschen teil, unter ihnen etwa 40 Augenzeugen der Verbrechen. Die Hearings fanden ein großes Echo in der Presse, darunter in der *Frankfurter Rundschau*, den *Nürnberger Nachrichten*, der *Westdeutschen Allgemeinen Zeitung*, der *Bonner Rundschau*, aber auch im *Handelsblatt*. 1971 sprach Osborn vor der Internationalen Kommission zur Untersuchung US-amerikanischer Kriegsverbrechen in Indochina, die vom 20. bis 24. Juni in Oslo tagte. Ausführlich berichtete er über seine Tätigkeit in Südvietnam im Interview für die Dokumentarfilmer Heynowski & Scheumann in »Phoenix – Inside CIA«. Für die CIA arbeitete Osborn verdeckt, unter anderem als Angehöriger der US-Behörde für Internationale Entwicklung, USAID, die für ein »Hilfsprogramm« für Südvietnam zuständig war. Allein zur Verwirklichung des Phönix-Programms zog die CIA in Südvietnam ein Netz von einigen Zehntausend einheimischer Agenten auf. Die meisten von ihnen wurden auf der Geheimdienstschule in Fort Holabird in Baltimore, Maryland ausgebildet, später an der erwähnten Special Forces School in Fort Gulick.

In jeder der 28 Provinzen mit je etwa sechs Distrikten in Südvietnam existierte ein Vernehmungszentrum, in dem es die berüchtigten Tigerkäfige gab. Hauptziel war, jeden aus der Bevölkerung zu »neutralisieren«, der »vietcongverdächtig« war. Dazu wurden 80.000 Zivilisten auf Listen als »verdächtig« erfasst, was nur zwei »Lösungen« zuließ: Sofortige Ermordung oder Einweisung in ein KZ. Sie konnten, so Osborn, »von einem gewissen Zeitpunkt des Krieges an alle wie Tiere abgeschossen werden«. Erich Wulff schrieb, »dass Folterungen von

Verdächtigen – und verdächtigt werden konnte jeder Vietnamese, der nicht selber im Dienste des Terrorapparats der USA stand – keine Ausnahme, sondern die Regel waren.«

Osborn schilderte »verschiedene Foltermethoden«, mit denen Kenntnisse über die Befreiungsbewegung erpresst wurden. »Einem meiner Häftlinge wurde ein Holzpflock von fünfzehn Zentimeter Länge in den Gehörgang getrieben. Auf dessen Ende wurde dann gehämmert, bis er ins Hirn eindrang« Er habe bei allen Vernehmungen, denen er beiwohnte, niemanden gesehen, »der lebend da herauskam«. Osborn schilderte die Verhörmethode der »Luftvernehmungen«. Zwei Vietnamesen wurden in einem Hubschrauber transportiert. Einer war ein »Vietcongverdächtiger«, der vernommen werde sollte. Der andere war »als eliminierbar« eingestuft. Der Hubschrauber stieg auf 500 Fuß, ein Offizier und zwei Marineinfanteristen führten mit dem bereits Verhörten vor der offenen Tür des Helikopters nochmals eine Scheinvernehmung durch, um den anderen einzuschüchtern. »Unter Anbrüllen und Warnungen, sie würden ihn rausschmeißen, wenn er nicht rede, gaben sie ihm dann einen Stoß, und er fiel über Bord.« Dann sei das zweite »Individuum« meist bereit gewesen, alles zu sagen, was verlangt wurde.

Viele widerstanden den Torturen oder opferten selbst ihr Leben. Hoang hai Van / Tan Tu berichteten in ihrem Buch »Die vielen Gesichter Vietnams« (Hanoi 2003, eine deutsche Fassung erschien unter dem Titel »Kundschafter für die Befreiung Vietnams«, Schkeuditz 2005) von einem Widerstandskämpfer, der 1968 in die Hände der CIA geriet. Er wurde der Arbeit für den »Vietcong« beschuldigt, obwohl bei der Befreiung Saigons 1975 erbeutete CIA-Akten bestätigten, dass der Geheimdienst nichts darüber wusste. Um den Gefangenen zu einem Geständnis zu zwingen, wurden ihm zunächst beide Füße zerschmettert. Dann begann ein US-Militärarzt, ihm erst das eine, dann das andere Bein mit jeweils sechs Eingriffen Stück für Stück ohne

Betäubung zu amputieren. Nach jeder Amputation ließ man
die Wunde heilen, bevor die Marter von neuem begann. Am
Ende warf man den so Gefolterten in das KZ Phu Quoc, aus
dem er 1974 befreit wurde.

Bodycount – eine Mordquote

Für die Liquidierung »Vietcongverdächtiger« erhielten die einzelnen CIA-Abteilungen eine Quote, die festlegte, wie viele Leichen zu erbringen waren. Man nannte das »Bodycount«, Kör-
perzählen. Es war eine Quote für Mord. Das Phönix-Programm
ermöglichte es, so Osborn, »jeden, der nur aussah wie ein Asiat,
gleich als einen Feind zu betrachten«, es wurde möglich, »alle
Bürger oder irgendwen in Südvietnam als mit dem Vietcong
verbunden zu beschuldigen.«

Zur Erfüllung ihrer Mordquote heuerten die regionalen
CIA-Chefs verurteilte Kriminelle an, darunter auch Mörder, die
sie aus den Gefängnissen holten und aus ihnen »Provinzaufklä-
rungsteams« zusammenstellten. Sie durchstreiften die Dörfer,
»pickten sich die zu Vietcong Erklärten heraus und ermordeten sie an Ort und Stelle. (…) Zum Beweis, dass sie die Rich-
tigen erwischt hatten oder überhaupt irgendeinen Menschen,
mussten sie ein Ohr mit zurückbringen oder einen Finger und
ihren US-Beratern zeigen, als Beweis für die Ausführung des
Befehls.«

Nach der Rückkehr von seinem 15monatigen Einsatz in
Südvietnam erfuhr Osborn, dass der mit dem Phönix-Programm betriebene Massenmord von den Militärs und Geheim-
dienstlern vor Ort nicht aus eigenem Antrieb praktiziert wurde,
sondern ihm höchste Weisungen aus Washington zu Grunde
lagen. »Ich konnte feststellen, dass das Politik war, dass wirklich
dieser Völkermord Politik von ganz oben war. Ich las es in Di-
rektiven bei der CIA.« Es war für Osborn der letzte Anlass, die
CIA zu verlassen. Er enthüllte danach, wie bereits erwähnt, öf-

fentlich, auch in der Bundesrepublik, die Verbrechen. Osborn war kein Einzelfall. Vor der Internationalen Kommission zur Untersuchung US-amerikanischer Kriegsverbrechen in Indochina, die von der 5. Stockholmer Vietnamkonferenz 1970 eingesetzt wurde, sagten ebenfalls US-Militärs, frühere Mitarbeiter der CIA und US-amerikanischer Hilfsorganisationen darüber aus.

Der für das Phönix-Programm verantwortliche CIA-Beamte William Colby, der nach mehrjährigem Dienst als Botschafter in Saigon zum Direktor des Geheimdiensts aufstieg, gab bei einer Kongressbefragung zum Phönix-Programm an, dass 20.941 Personen getötet worden seien. Laut *Newsweek* vom 19. Juni 1972 musste er einräumen, dass es nicht möglich gewesen sei, »diese Menschen als schuldig oder unschuldig zu identifizieren«. Colby machte jedoch »keine Anstrengungen, das zu stoppen.« Die Saigoner Regierung hatte bereits Mitte 1971 bekannt gegeben, seit 1968 seien durch Phönix-Operationen 41.000 »verdächtige feindliche Zivilisten (...) ausgeschaltet« worden.

Folterungen, Terror, Vergewaltigungen, systematischer Mord und Leichenschändung praktizierten jedoch auch reguläre Einheiten der US Army. Bernd Greiner führt in seinem Buch »Krieg ohne Fronten. Die USA in Vietnam« Beispiele an, wie 1967 im Norden Südvietnams das 1. Bataillon des 327. Regiments der 101. Airborne-Division, auf die der Oberkommandierende Westmoreland »besondere Hoffnungen« setzte, sich »auf Menschenjagd begab«, um seinen »Body Count« von 327 zu erfüllen. Dazu, so die Aussage eines GI, seien »im gesamten Jahr 1967 nur vier oder fünf Gefangene gemacht« worden. Zur 101. Airborne-Division gehörte eine »Tiger Force« genannte »Special Force«, die vornehmlich zur »Befriedung« und »Säuberung« der nördlichen Provinzen Südvietnams eingesetzt wurde. Die »Tiger Force« wütete »wie ein Todesschwadron«. Sieben

Monate lang zog sie »eine Blutspur«, heißt es bei Greiner. »Sie erschossen ohne jeden Anlass Bauern im Feld und mordeten Menschen, die ihnen zufällig über den Weg liefen, folterten Gefangene und führten sie einzeln oder in Gruppen zur Exekution, fielen spätabends oder am frühen Morgen in Dörfer ein und streckten mit Maschinengewehren alle nieder, derer sie habhaft werden konnten.« Ein Beteiligter sagte aus: »Wir wussten, dass sie Zivilisten waren, nicht Vietcong«. Greiner weiter: »Sie stahlen und brandschatzten, prügelten ihre Opfer zu Tode oder vergewaltigten sie bis zur Bewusstlosigkeit.« Statt ins Bordell gehst du »ins nächste Dorf und holst dir, was du willst«, sagte ein GI. Bei den »Tigern« war es üblich, »Ermordete zu verstümmeln und Leichenteile zur Schau zu tragen.« Die Verbrechen der »Tiger Force« kamen rein zufällig im Zusammenhang mit den Untersuchungen der Massenmorde in My Lai ans Licht. 27 Angehörige der Division gaben bei Verhören zu, dass das Abschneiden von Ohren eine »akzeptierte Praxis« war. Eine Zeitlang habe fast jeder »ein Halsband aus Ohren« getragen. Skalps seien »eine Zeitlang auch der Renner« gewesen. Sie wurden dann aber weggeworfen, weil sie voller Läuse waren. »Das aus den Zähnen herausgebrochene Gold hingegen wurde sorgsam aufbewahrt«.

Das Massaker von My Lai

In ihrem Buch »Abels Gesichter – Vietnam. Bilder eines Krieges« (Frankfurt/M. 1999) schildern Gian Luigi Nespoli und Giuseppe Zambon, was sich am 16. März 1968 im Dorf My Lai (vietnamesisch: Son My) zutrug: Als eine Kompanie der US Army unter dem Befehl von Lieutenant William Calley in das Dorf einmarschierte, befahl der Kompaniechef, »den Feind aufzustöbern und unverzüglich zu erledigen, aber auch die Hütten des Dorfes zu verbrennen, alles, was sich bewegte, zu töten und jede Form von Leben, auch die Lebensmittel, zu vernichten.«

Während des Prozesses gegen Calley sagten 21 Soldaten und Unteroffiziere aus, es habe einen »expliziten Mordbefehl gegen unterschiedslos alle Bewohner« gegeben.

Der Überfall auf My Lai war an diesem Tag »die wichtigste der vorgesehenen Operationen« der betreffenden Brigade. Deshalb begleiteten zwei Kriegsberichterstatter Lieutenant Calleys Einheit: Der Journalist Five Jay Roberts und der Fotoreporter Ronald L. Haeberle. Der Fotoreporter berichtete später: »Einige Soldaten hatten ein etwa 15-jähriges Mädchen gepackt, und versuchten, ihm die Kleider vom Leibe zu reißen. Eine ältere Frau, vielleicht die Mutter, begann, die Amerikaner anzuflehen, wurde aber mit dem Gewehrkolben erledigt.« Haeberle schilderte eine ganze Reihe weiterer kaltblütiger Morde.

Andere Zeugen berichteten: »Lieutenant Calley entdeckte etwa 150 Personen, die sich in einem Graben versteckt hatten, in der Mehrzahl Frauen und Kinder. Als einige von ihnen furchtsam aus ihrem Versteck hervorkamen, mähte er sie erbarmungslos nieder und forderte seine Soldaten auf, seinem Beispiel zu folgen. Es wurde geschossen, bis kein Lebenszeichen mehr kam. Aber nachdem das Feuer eingestellt worden war, erhob sich aus diesem Blutbad, fast wie ein Wunder, ein etwa zweijähriges Kind, das verzweifelt weinend versuchte, in Richtung Dorf zu laufen. Lieutenant Calley packte es, warf es wieder in den Graben und erledigte es mit seiner Waffe.« Andere Zeugenaussagen sprachen von Menschen, die von Bajonetten und Messern verstümmelt in Blutlachen lagen. »GIs hatten Ohren oder Köpfe abgetrennt, Kehlen aufgeschlitzt und Zungen herausgeschnitten, Skalps genommen.« Andernorts lagen »tote Frauen mit aufgeschlitzter Vagina, in einem Fall hatten die Täter einen Gewehrlauf eingeführt und abgedrückt.«

Es gab einzelne Fälle von Verweigerungen der Mordbefehle. Bernd Greiner schreibt, dass ein Gefreiter Maples es ablehnte, Zivilisten zu erschießen. Lieutenant Calley wollte ihn wegen Befehlsverweigerung erschießen, ließ aber davon ab, als sich einige Soldaten schützend vor ihren Kameraden stellten. Der Hubschrauberpilot Hugh Thompson vom 123. Aviation Bataillon der »Americal« Division, der mit seiner Crew beim Überfliegen von My Lai die Ermordung von Zivilsten beobachtete, landete, nahm einige Dorfbewohner auf und brachte sie in Sicherheit. Es gab, so Greiner, vier weitere Fälle, in denen Bewohner von My Lai von US-Soldaten gerettet wurden.

In My Lai wurde – wie Berichte und Zeugenaussagen bestätigten – kein einziger Soldat der FNL angetroffen. Die massakrierten Bewohner – offiziellen Angaben zufolge wurden 128 »Feinde« getötet, nach Untersuchungen der FNL waren es 502 Einwohner – waren allesamt Zivilisten, vor allem Alte, Frauen und Kinder. Der Kommandeur des 1. Bataillons, Hauptmann Ernest L. Medina, berichtete jedoch, es seien »69 Vietcong-Soldaten getötet« worden. Im offiziellen Kriegsbulletin, das die *New York Times* am 17. März 1968 veröffentlichte, hieß es: »Zwei amerikanische Kompanien näherten sich von entgegengesetzten Seiten den feindlichen Stellungen und mit schwerem Sperrfeuer und unter Einsatz von Kampfhubschraubern vernichteten sie die nordvietnamesischen Soldaten.«

Zeugenaussagen in den USA riefen eine Welle der Proteste hervor. Seymour Hersh nannte My Lai »ein Verbrechen im Stile der Nazis«. Jonathan Schell schrieb im *New Yorker* vom 20.12.1969: »Wenn wir uns daran gewöhnen, dergleichen hinzunehmen, gibt es nichts mehr, was wir nicht hinnehmen«. Ein Gericht musste sich schließlich mit dem Verbrechen befassen. Als einziger wurde Lieutenant Calley angeklagt und verurteilt. Seine zunächst lebenslange Haftstrafe wurde auf zwanzig, dann auf zehn Jahre herabgesetzt. Schließlich wurde er auf Weisung von Präsident Nixon im November 1974 freigelassen. Er hat keinen einzigen Tag im Gefängnis gesessen, sondern bis zur Aufhebung des Urteils nur unter Hausarrest gestanden. In einem Interview, das der US-amerikanische Journalist John Sack 1971 aufzeichnete, erklärte Calley: »Ich verkörpere nur die Vereinigten Staaten von Amerika, mein Vaterland«, und bekannte: »Ich war gern in Vietnam«.

My Lai war kein Einzelfall, wie Präsident Nixon während des Prozesses der Weltöffentlichkeit einzureden versuchte. Es war durchaus gängige Praxis, um die Bevölkerung davon abzubringen, den Befreiungskampf zu unterstützen. Lieutenant Colonel David H. Hackworth, Bataillonskommandeur der 9. Infantry Division, räumte ein, im kriegerischen Alltag in Vietnam habe es »Tausende derartiger Gräueltaten« gegeben. Viele Vorfälle wurden erst sehr spät bekannt, andere bis heute nicht. Selten waren, wie in My Lai, Journalisten dabei, die dann auch den Mut hatten, solche Massaker an die Öffentlichkeit zu bringen. Denn wer aussagte, ging ein hohes Risiko ein. Haeberle wurde als Lügner diffamiert. Der Hubschrauberpilot Hugh Thompson, der als Zeuge gegen Calley aussagen wollte, aber nicht zugelassen wurde, erhielt Todesdrohungen. Enthüllungen der FNL und der DRV wurden in Washington als »kommunistische Gräuelpropaganda« abgetan.

Operationen wie in My Lai gingen auf direkte Weisungen des Oberkommandierenden in Südvietnam Westmoreland zurück, die eine Reaktion auf die Tet-Offensive der FNL im Februar 1968 waren. Darin wurde gefordert, »unterschiedslos das gesamte Terrain zu neutralisieren«. In die Provinz Quang Ngai, in der My Lai lag, wurden zusätzlich 120 Experten für Aufstandsbekämpfung mit dem Auftrag geschickt, »die Jagd auf Funktionäre, Helfer und Helfershelfer der Guerilla zu forcieren«. Die Armee wurde angewiesen, enger mit der CIA und allen für das Programm »Phönix« zuständigen Stellen zu kooperieren. Der Oberkommandierende, schrieb Greiner, gab seinen Truppen »eine bespiellose Handlungsfreiheit«, die »einer Einladung zur unbefristeten Willkür« gleichkam.

Präsident Johnson forderte sieben Monate nach My Lai General Creighton Abrams, seit Sommer 1968 Nachfolger Westmorelands als Oberkommandierender, auf, mit derartiger Unterdrückung jedes Widerstands fortzufahren. »Ihr Präsident und Ihr Land erwarten von Ihnen, dass Sie dem Feind ohne Unterlass nachstellen. Gewähren Sie ihm nicht einen Moment der Ruhe. Geben Sie es ihm wie gehabt. Lassen Sie den Feind den Druck all dessen spüren, was Ihnen zur Verfügung steht.« Der Weisung folgten die entsprechenden Taten. Unter dem Kommando von Brigadier General Howard Harrison Cooksey von der »American« Division wurden von Mitte Januar bis Anfang Februar 1969 in zwei Distrikten der Provinz Quang Ngai zahlreiche Ortschaften niedergebrannt, 300 Bauern exekutiert, 11.000 Bewohner zwangsweise umgesiedelt, 1.300 von ihnen als Sympathisanten der »Vietcong« verdächtigt und ermordet. Addiert man allein die von Greiner angeführten und akribisch belegten Dutzende, wohlgemerkt bekannt gewordene, Operationen der systematischen Ermordung von Zivilisten, darunter immer wieder vor allem Frauen und Kinder, dann geht die Zahl in die Hunderttausend.

10. Russell-Tribunal enthüllte Kriegsverbrechen

Vom weltweiten Engagement zahlreicher Persönlichkeiten zeugte das nach dem britischen Mathematiker, Philosophen und Literaturnobelpreisträger Bertrand Russell benannte, von ihm und den französischen Schriftstellern Jean-Paul Sartre und Simone de Beauvoir einberufene Gremium. Die angesehene Institution leistete einen herausragenden Beitrag im Rahmen der weltweiten Bewegung gegen den Krieg der USA und beflügelte die Proteste entscheidend. Die Wirkung der unter dem

Dach der Bertrand Russell Peace Foundation tätigen Institution beruhte auf seiner Arbeitsmethode, eben wie ein Tribunal nur die Fakten sprechen zu lassen, was ihm eine unbestechliche Aussagekraft verlieh. Seine erste Sitzung im Mai 1967 in Stockholm untersuchte, ob die im August 1964 begonnene Bombardierung Nordvietnams durch die US-Luftwaffe im völkerrechtlichen Sinne ein Kriegsverbrechen darstellte, was die Geschworenen einstimmig mit Ja beantworteten. Auf der zweiten Tagung im November/Dezember 1967 in Roskilde/Dänemark war Verhandlungsgegenstand, ob die US-Intervention in Südvietnam im völkerrechtlichen Sinne ein Kriegsverbrechen darstellte. Auch diese Frage wurde von allen Geschworenen einstimmig mit Ja beantwortet.

Napalm, Wehrdörfer und chemische Kriegsführung

Der Krieg der USA in Vietnam war der bis dahin verbrecherischste Krieg seit dem Zweiten Weltkrieg. Er war nicht nur völkerrechtswidrig, sondern in ihm wurde auch systematisch Völkermord begangen. In Nordvietnam wurden ganze Städte in Schutt und Asche gebombt, in Südvietnam wurde mit Mord und Terror ein Schreckensregime errichtet, für das das geschilderte Phönix-Programm nur ein Beispiel war. Zehn Millionen Bauern wurden aus ihren Dörfern vertrieben und in sogenannte Wehrdörfer eingepfercht. Gian Luigi Nespoli und Giuseppe Zambon haben in »Abels Gesichter – Vietnam. Bilder eines Krieges« in erschütternder Weise die Kriegsverbrechen, die u. a. durch den Einsatz von Napalm auch gegen die Zivilbevölkerung verübt wurden, dokumentiert. Schreckliche Verbrechen wurden auch durch den Einsatz des Giftes »Agent Orange« begangen. In Südvietnam wurde mittels der chemischen Kriegsführung »erstmalig in der menschlichen Geschichte ein Krieg bewusst so geführt, dass seine Zerstörungen und Folgen nicht auf die durch sie betroffene Generation beschränkt blieben. Das

Kriegshandeln der USA kalkulierte bewusst zukünftige und un-
absehbare Folgen mit ein oder nahm sie ohne Skrupel in Kauf«,
hielt der Arzt Karl Rainer Fabig (»Agent Orange vor Gericht«
in: *Vietnam Kurier* 1/2005) fest.

Es zeugte von der Gewichtung der zu untersuchenden The-
matik, dass der von den USA 1961 begonnene Einsatz chemischer Kampfstoffe in Südvietnam einen Schwerpunkt der
Untersuchung des Russell-Tribunals auf seiner Stockholmer
Sitzung bildete. Vor allem wurde unter dem erwähnten Namen
»Agent Orange« das eingesetzte orangefarbene DNC (Dinitro-
Orthokresol) bekannt. Zunächst in milden Konzentrationen als
relativ unschädliches Unkrautvertilgungsmittel verwendet, waren zu dieser Zeit in den USA selbst diese normalen Herbizide
bereits verboten. In Südvietnam wurde das dioxinhaltige Ent-
laubungsgift jedoch in hohen Konzentrationen eingesetzt. Erstmals erfolgte das am 10. August 1961. Der Tag wird heute in
Vietnam zur Erinnerung begangen. Zwischen 1962 und 1971
wurden mehr als 72 Millionen Liter Herbizide versprüht. Mehr
als 44 Millionen Liter davon bestanden aus »Agent Orange«.
Angeblich über Aufmarschgebieten der »Vietcong« versprüht,
richtete sich der Giftgas-Einsatz vor allem gegen die Zivilbevölkerung. Es handelte sich um chemische Kampfstoffe, um
giftige, erstickende oder ähnliche Gase sowie bakteriologische
Mittel, deren Einsatz das Genfer Protokoll vom 17. Juni 1925
verbietet. Die USA traten diesem Abkommen erst 1975, nach
Kriegsende, bei.

Das Russell-Tribunal vom Mai 1967 hielt fest, dass bis
Ende 1966 1,9 Millionen Hektar landwirtschaftliche Nutzflä-
che, meist Reisfelder, vernichtet wurden. Als die zweite Tagung
stattfand, waren 1967 weitere 876.000 Hektar hinzugekommen. Der chemische Krieg ging aber weiter. 1969 wurden über
900.000 Hektar Anbaufläche und damit 75 Prozent der Reis-
ernte und 90 Prozent des Gemüseanbaus vergiftet sowie fast die

Hälfte der Wälder vernichtet. Die französische Publizistin Dominique Bari berichtete nach Untersuchungen in Südvietnam, dass das eingesetzte »Agent Orange« bei Menschen und Tieren schwere Vergiftungen verursachte, zu zahlreichen Todesfällen führte und die gesamte Vegetation austrocknete. Kalkstickstoffe entlaubten die Bäume und ließen ihre Früchte absterben.

Insgesamt waren 17 Millionen Menschen dem Gift ausgesetzt, drei Millionen wurden schwer geschädigt, eine Million erkrankte an Leukämie. Lungentumore und Leberkrebs erforderten unzählige Opfer. 100.000 Kinder trugen schwere Geburtsschäden davon: Säuglinge ohne Augen, mit Wasserköpfen und Klumpfüßen, viele debil und taub. Wo während des Krieges Giftgase niedergingen, halten die Folgen noch heute in der dritten Generation an.

Erich Wulff sagte in Roskilde u. a. über den völkerrechtswidrigen Einsatz des westdeutschen Lazarettschiffes »Helgoland« und die Beteiligung westdeutscher Konzerne wie der BASF und der Farbwerke Hoechst aus (siehe Kapitel 12). Wulff schilderte vor dem Tribunal auch die bereits erwähnten Repressionsmethoden des Regimes von Ngo dinh Diem.

Zu den damals 25 Mitgliedern des Gremiums gehörte auch der schwedisch-deutsche Schriftsteller Peter Weiss, der nach einer Reise durch Nordvietnam die Verbrechen der USA enthüllte. Zusammen mit seiner Frau Gunilla Palmstierna-Weiss schrieb er den aufrüttelnden »Bericht über die Angriffe der US-Luftwaffe und -Marine gegen die DRV« (Edition Voltaire). Außerdem »Notizen zum kulturellen Leben der DRV« (Suhrkamp 1968).

Das Russell-Tribunal über Vietnam hatte starke mobilisierende Wirkung auf die weltweite Solidarität mit Vietnam und die Protestbewegung gegen den Krieg. Davon zeugte bereits nach der ersten Tagung die »Weltkonferenz über Vietnam« vom Juli 1967 in Stockholm, an der Persönlichkeiten aus mehr als 60 Ländern, über 200 nationale Organisationen und Vietnamkomitees sowie 22 internationale Gremien teilnahmen. Der schwedische Ministerpräsident Olof Palme war zeitweilig auf der Konferenz anwesend. Nach Roskilde stellte der vom Sozialistischen Deutschen Studentenbund der Bundesrepublik einberufene Internationale Vietnamkongress im Februar 1968 in Westberlin einen weiteren Höhepunkt dar

In den USA unterzeichneten 1967 5.000 Wissenschaftler, darunter 17 Nobelpreisträger und 129 Mitglieder der National Academy of Sciences, eine Petition an Präsident Johnson, die Anwendung von Antipersonen- und Erntevernichtungschemikalien in Vietnam zu beenden. 1969 bekräftigte die Generalversammlung der UNO das Genfer Protokoll von 1925. Die USA stimmten gegen die Resolution, die mit 80 Für- und 3 Neinstimmen angenommen wurde. 1970 schrieb der Wissenschaftler George Wald in der *New York Times* vom 26. Februar, »dass Firmen wie die Dow Chemical für die Kriegsverbrechen ebenso schuldig sind wie das Militär selbst.«

11. Die US-amerikanische Friedensbewegung und der Widerstand in der Armee

Es ist unter aktuellen Gesichtspunkten aufschlussreich, sich daran zu erinnern, dass sich nicht nur auf internationaler Ebene, sondern auch in den USA selbst eine machtvolle Bewegung gegen den Krieg und für Frieden bildete. Angesichts des derzeit noch relativ schwach entwickelten Widerstandes gegen den weltweiten Kriegskurs der USA und der von ihnen dominierten NATO sollte man nicht vergessen, dass es einige Zeit dauerte, bis nach dem Beginn des Luftkriegs gegen Nordvietnam die Proteste einzelner Personen und kleiner Gruppen zu einer mächtigen Bewegung verschiedenster Organisationen, Gremien und Persönlichkeiten mit unterschiedlichsten politischen Ansichten anwuchsen. Sie erhob generell ihre Stimme nicht nur gegen den verbrecherischen Krieg, sondern solidarisierte sich ebenso mit dem nationalen Befreiungskampf des vietnamesischen Volkes.

Im März 1965 versammelten sich dreißig Dozenten der Universität Michigan und protestierten gegen den Krieg. An den geführten Diskussionen nahmen über 3.000 Studenten teil. Es folgten Teach-ins an über 100 Universitäten. An der Universität Berkeley in Kalifornien, die zu einer Hochburg der Studentenproteste wurde, beteiligten sich 36 Stunden lang rund 30.000 Studierende. Die Studenten für eine Demokratische Gesellschaft, mit 100.000 Mitgliedern die größte Organisation der Linken, riefen für den 17. April 1965 zu einer nationalen Demonstration nach Washington auf, die dann 25.000 Teilnehmer zählte. Schon bald zeigte sich, dass der völkermörderischen Kriegsführung in Vietnam innenpolitisch die verschärfte staatliche Repression gegen die Protestbewegung entsprach. Im Mai 1969 schlug die Polizei in Berkeley eine friedliche studentische Antikriegsdemonstration nieder. Sie tötete einen Studenten und verletzte mehr als hundert, zum Teil schwer. Ein blutiger Höhepunkt wurde im Mai 1970 erreicht, als die Nationalgarde an der Staatsuniversität von Kent in Ohio völlig unprovoziert das Feuer auf unbewaffnete Demonstranten eröffnete. Das Ergebnis waren vier Tote und neun Schwerverletzte. Das »Kent-State-Massaker« rief internationales Aufsehen hervor und verstärkte den Protest in den USA noch.

Die Protestbewegung nahm von Anfang an einen antirassistischen Charakter an, was dann auch den Widerstand in der US Army prägte. Stokely Carmichael, der zum Studentischen Gewaltfreien Koordinationskomitee (SNCC), der wichtigsten radikalen Bürgerrechtsorganisation, gehörte, sagte, die Einberufung erfolge nach dem Muster: »Weiße Menschen schicken schwarze Menschen gegen gelbe Menschen in den Krieg, um das Land zu verteidigen, das sie den roten Menschen gestohlen haben.« Muhammad Ali, der Weltmeister im Schwergewichtsboxen, verweigerte den Wehrdienst. Ihm wurde sein Weltmeistertitel aberkannt, und er erhielt faktisch Berufsverbot.

Widerstand in der Armee

Neben den Gräueltaten, die von der US-Armee bekannt wurden, bildete der Widerstand, den GIs gegen ihren Einsatz in Vietnam leisteten, eine andere Seite des Krieges. In der Hunderte Titel zählenden Literatur ist darüber wenig berichtet worden. Zwei Publikationen sind davon vor allem ausgenommen: Dieter Brünn, »Widerstand in der US-Armee«, Berlin 2003, und das bereits erwähnte Buch von Jonathan Neale. Unter dem Titel »Fuck the Army! US-Militärs gegen den Vietnamkrieg« strahlte *Arte France* am 7. Dezember 2005 einen beeindruckenden Filmbeitrag zum Thema aus. Zu sehen ist der Lieutenant Henry Howe, der als einer der ersten am 6. November 1965 öffentlich gegen den US-Krieg in Vietnam auftrat. Auf einem Transparent forderte er »End Johnson's Fascist Aggression in Vietnam«. Von einem Standgericht wurde er umgehend zu fünf Jahren Zwangsarbeit verurteilt. Hunderte weiterer Soldaten, die seinem Beispiel folgten, kamen wegen ihres Widerstands gegen den Vietnamkrieg ins Gefängnis. Zu dieser Zeit bestand in der US-Armee noch die Wehrpflicht. Daraus ergab sich, dass die in Vietnam eingesetzten Einheiten sich vorwiegend aus eingezogenen GIs rekrutierten, was zu einer erheblichen sozialen Auswahl zugunsten der Söhne aus bürgerlichen Schichten führte. Das wirkte sich sowohl auf das Anwachsen der Protestbewegung in der Armee als auch die brutalen Methoden ihrer Niederschlagung aus.

So lösten Howe und andere Kriegsgegner eine Welle nicht

zu stoppender Proteste aus. Zu einem herausragenden Ereignis wurde Ende August 1967 die Weigerung von über 100 schwarzen GIs der 1. Panzerdivision, gegen eine Antikriegsdemonstration in Chicago vorzugehen. Der Kommandeur der Division ließ 43 von ihnen wegen »Befehlsverweigerung« festnehmen. Jonathan Neale schreibt, dass im Pentagon Befürchtungen wuchsen, es könnte zu Ereignissen wie »in Russland 1917 oder in Deutschland 1918 kommen«. Anlass war u. a. eine Demonstration von Veteranen des Zweiten Bataillons der Ersten Marines in Philadelphia, die unter der Losung stattfand: »Alle Macht dem Volke«.

Die Aktionen folgten der »Frühjahrsmobilisierung« der US-amerikanischen Friedensbewegung, die am 15. April 1967 in New York und San Francisco mit jeweils 500.000 Teilnehmern die bis dahin größte Antikriegsdemonstration auf die Beine brachte. Die Breite der Bewegung schloss Studenten und Intellektuelle aller Schichten und Bereiche, Gewerkschafter, Anhänger Martin Luther Kings, Black Power, die Socialist Workers Party und die Kommunisten ein. »Die Antikriegsbewegung war überall, auf fast jedem nennenswerten Stützpunkt«, schrieb Neale.

Es gab etwa 300 Gruppen oder Komitees wie »GIs für den Frieden« und »GIs gegen den Krieg«, »Vietnamveteranen gegen den Krieg« oder »Vereinigte GIs gegen den Krieg«. Ihre zahlreichen Zeitschriften erreichten Monat für Monat Hunderttausende Exemplare. Von *Vietnam GI*, die in Chicago mit einer Auflage von 15.000 Exemplaren erschien, wurden 3.000 Exemplare an Soldaten in Südvietnam verschickt. Aufsehen erregten besonders die Demonstrationen der Vietnamveteranen, die in ihren alten Uniformen und Kampfanzügen aufmarschierten. Sie schilderten, zu welchen Verbrechen an der Zivilbevölkerung sie gezwungen worden waren. Viele gaben ihre Kriegsauszeichnungen zurück.

Der Hauptfeldwebel Donald Duncan erklärte laut *Frankfurter Rundschau* vom 31. Dezember 1966, die US-Truppen befänden sich gegen den Willen der Bevölkerung in Südvietnam, ja zur Unterdrückung ihres antiamerikanischen Widerstandes. »Die Vietnamesen lehnen uns ab«. Der »Vietcong« bringe in fast jeder Provinz Truppen in Divisionsstärke in den Kampf. »Solches Wachstum ist nicht nur unmöglich ohne Unterstützung des Volkes, dazu bedarf es geradezu überwältigender Zustimmung.« Duncan war 18 Monate in Südvietnam, hatte 32 Absprünge im »feindlichen Gebiet« absolviert, mehrere Auszeichnungen erhalten, war für den »American Silver Star«, eine der höchsten US-Kriegsauszeichnungen, vorgeschlagen und sollte zum Hauptmann befördert werden.

Eine »Revolte der GIs«

In Südvietnam, wo die Masse der GIs sich aus Arbeitern, darunter viele schwarze, rekrutierte, war eine regelrechte »Revolte der GIs« gegen den Krieg im Gange. Sie war eine Reaktion auf den Kriegsverlauf, die hohen Verluste (davon waren 1965 ein Viertel, ein Jahr später 16 Prozent und 1968 13 Prozent der Gefallenen Schwarze), den unerwartet starken vietnamesischen Widerstand und die sich zunehmend abzeichnende Perspektivlosigkeit der US-Intervention und erfasste zahlreiche Truppenteile. Die Kriegsgerichtsbarkeit wurde zunehmend der Lage nicht mehr Herr. Es kam zu Befehlsverweigerungen, zum Angriff anzutreten. In manchen Einheiten entstanden eine Art Soldatenräte, auch wenn sie sich nicht so nannten. Viele Kompaniechefs mussten immer öfter mit ihren Soldaten über die Bedingungen des Vorgehens verhandeln.

Gegenüber verhassten Offizieren und Feldwebeln wurde das »Fragging« (Zersplittern durch eine Handgranate) praktiziert, andere wurden im Gefecht auch einfach erschossen. Schätzungsweise wurden über 1.000 Offiziere und Unteroffiziere

durch ihre eigenen Leute umgebracht. Von 1970 bis 1972 kam
es zu 363 Kriegsgerichtsverfahren wegen verübten »Fraggings«.
In vielen Fällen gab es jedoch keine strafrechtlichen Verfolgungen. »Ein kluger Kommandeur ließ es durchgehen. Und tat er
es nicht, wie sollte er herausfinden, wer der Täter war.« Neale
gab Berichte von Armeeanwälten der 173. Luftlandedivision
wieder, die anführten, 1970 und 1971 seien »gewalttätige Angriffe auf Offiziere fast tägliche Vorkommnisse gewesen«. Mit
einer auf das Strategieplanungszentrum geworfenen Antiperso-
nenmine »sollte der Führungsstab getötet werden.«

Nachdem die FNL bei den Friedensverhandlungen in Paris
öffentlich erklärte hatte, sie werde nicht auf Einheiten schießen, die gegen sie nicht das Feuer eröffneten, trugen viele US-
amerikanische Soldaten rote Armbinden als Zeichen für den
»Vietcong«, dass sie nicht kämpfen wollten. Danach häuften
sich Befehlsverweigerungen. In der 1. Kavallerie kam es zu
35 Einsatzverweigerungen. Innerhalb der Armee und bei den
Marines gab es während des Krieges Tausende. Dem US-Justiz-
ministerium wurden 206.000 Kriegsdienstverweigerer gemel-
det. Zwischen 1966 und 1972 kam es zu 423.422 Desertionen
und unerlaubten Entfernungen von der Truppe. Die Zahl der
Deserteure war dreimal höher als zu irgendeinem Zeitpunkt des
Koreakrieges. 250.000 Armeeangehörige schrieben Beschwer-
debriefe an Kongressabgeordnete.

Nach der Wiederaufnahme des Luftkrieges gegen Nordvietnam 1972 kam es auf allen beteiligten Flugzeugträgern zu
Unruhen. Von der »Oriskany« desertierten 25 Matrosen. Auf
der »Kitty Hawk« protestierten in Subic Bay auf den Philippinen
hundert schwarze Matrosen gegen einen neuen Vietnameinsatz.
Gegen die Marines, die gegen sie vorgingen, setzten die Verweige-
rer sich mit Ketten, Schraubenschlüsseln und Rohren stunden-
lang zur Wehr. Als der Zerstörer »Coral See« nach Vietnam auslaufen sollte, protestierte ein Viertel der Mannschaft gegen den

Einsatz, 35 Matrosen blieben in Kalifornien zurück. 1971 gab
es laut einer Kongress-Untersuchung auf Kriegsschiffen 488 Beschädigungen oder Versuche dazu, 191 Sabotageakte und 135
Brandstiftungen. Der Flugzeugträger »Ranger« war durch zwei
ins Getriebe einer Maschine geworfene 30-Zentimeter-Schrauben
über drei Monate lang nicht einsatzfähig. Nach einer Brandle-
gung im Radarraum fiel der Flugzeugträger »Forrestal« für zwei
Monate aus. Während der mörderischen Bombardements auf
Hanoi im Dezember 1972 verweigerte der »Phantom«-Pilot
Captain Dwight Evans den Einsatz. Captain Michael Heck
lehnte es ab, mit seiner B-52 zu starten.

Die Juni-Ausgabe 1971 des *Armed Forces Journal* schrieb:
»Moral, Disziplin und Kampfbereitschaft der US-Streitkräfte
befinden sich mit einigen wenigen herausragenden Ausnahmen
auf einem Tiefpunkt und in einem schlimmeren Zustand als
jemals zuvor in diesem Jahrhundert, vielleicht sogar in der Geschichte der Vereinigten Staaten. Nach jedem nur denkbaren
Maßstab steht unsere Armee, die sich jetzt noch in Vietnam
aufhält, vor dem Zusammenbruch. Ganze Einheiten weichen
dem Einsatz aus oder verweigern ihn, sie ermorden ihre Offiziere und Unteroffiziere, sind drogensüchtig und mutlos oder
stehen kurz vor der Meuterei.« Der Widerstand ihrer eigenen
Soldaten gegen den Kriegseinsatz in Vietnam war einer der
Faktoren, der das Pentagon zum Abzug der Bodentruppen aus
Südvietnam veranlasste.

Angehörige der US Army agierten auch in der Bundesrepublik, von wo aus Truppentransporte nach Südvietnam gingen, gegen den Krieg. In Nürnberg mobilisierte beispielsweise
der Black Panther George Pumphrey 1969 GIs im US-Stützpunkt Merrill Baracks, Kriegsbefehle zu verweigern. Nach offiziellen Angaben des Kommandos der 7. US Army brachten
die »schwarzen Dissidenten« ungefähr 1.500 Anhänger auf die
Beine.

12. Kriegshilfe aus der Bundesrepublik

Die Bundesrepublik war mehr als alle anderen Bündnispartner der USA an deren Krieg in Vietnam beteiligt. Die Bundesregierung wollte sich als Hauptverbündeter der USA profilieren, ihre Rolle in der NATO stärken und die Aufhebung noch vorhandener Rüstungsbeschränkungen durchsetzen. Dabei spielten die Profite, welche westdeutsche Konzerne aus der Beteiligung am Krieg der USA zogen, ebenfalls eine Rolle.

Die Rüstungsindustrie der USA erzielte laut *International Herald Tribune* vom Dezember 1968 zu dieser Zeit jährlich Gewinne von 4,5 Milliarden Dollar. Mitte der 1960er Jahre waren 18 westdeutsche Unternehmen mit den 30 größten Rüstungskonzernen der USA durch Kapitalbeteiligung und Aufträge verflochten. Die westdeutschen Kapitalanlagen in den USA stiegen zwischen 1960 bis 1969 auf das Fünffache. Die größten Gewinne steckten die IG-Farben-Nachfolger, die Stahlkonzerne und die Werften ein. AP meldete am 14. März 1967, dass die mit Thyssen liierten Bremer Werften für die USA 39 »German-Liberty-Schiffe« bauten, die vor allem dem Transport von Kriegsmaterial nach Vietnam dienten. Unter den Regierungen Adenauer und Erhard leistete die Bundesrepublik auf der Grundlage eines »Devisenausgleichsabkommens« in Form von Waffenkäufen zwischen 1961 bis 1965 Devisenhilfe in Höhe von über 10,8 Milliarden D-Mark.

Die Bundeswehr ergriff im Rahmen dieser Hilfe die Gelegenheit, Vietnam zur eigenen »Kriegsschule« zu machen, um, wie *Die Welt* schon am 23. Mai 1964 schrieb, zu lernen wie »heute Kriege geführt werden«. Die Zeitschrift *Wehr und Wirtschaft* sprach in ihrer Nr. 8/9 von 1965 von der »Kriegsschule Vietnam«, dem »Probefall Vietnam«, der zu »waffentechnischen Überlegungen« anrege und Erfahrungen beispielsweise darüber vermittele, wie »taktischer Luftkrieg am besten« geführt werde.

Während sich westeuropäische Regierungen vom Krieg der USA distanzierten, Frankreich ihn in einem Kommuniqué des Ministerrates verurteilte, stellte sich die Bundesrepublik voll hinter Washington. Angesichts anhaltender Niederlagen der US-Armee empfahl *Die Welt* am 11. August 1965, sich »an die grobe Faustregel des Panzergenerals Guderian (zu) halten: nicht kleckern, klotzen!« Bundespräsident Heinrich Lübke beglückwünschte Präsident Johnson zu den ersten Angriffen auf Hanoi am 29. Juni 1966 in einem offiziellen Telegramm, in dem es hieß, diese mögen »von Erfolg gekrönt sein«. Bundeskanzler Erhard ließ am 1. Juli 1966, als bereits Berichte über die zahlreichen zivilen Todesopfer der Luftangriffe bekannt waren, »alle Maßnahmen der Amerikaner« gutheißen. Am gleichen Tag feierte die Westberliner *Nachtdepesche* die Todesopfer als »Wunder der Präzision« und forderte, Washington müsse sich entschließen, »dichtbesiedelte Industriezentren zu bombardieren«. Springers Westberliner *BZ* schrieb am 18. Juli, notwendig sei »ein kompromissloser Krieg, der auch vor Fabriken, Häfen, Bewässerungsanlagen und Staudämmen nicht mehr halt macht.«

Schockierend waren die Reaktionen in der Bundesrepublik, als die USA gezwungen wurden, am 1. November 1968 die bedingungslose Einstellung des Luftkrieges gegen Nordvietnam zu erklären und die FNL als Verhandlungspartner in Paris zu akzeptieren. Bereits im Vorfeld der Verhandlungen hatte Springer am 5. Mai 1968 in seiner Westberliner *Morgenpost* die USA aufgefordert, sich in Paris auf keinen Fall die Waffe der Bombenangriffe auf die DRV »aus der Hand schlagen« zu lassen und auch die FNL nicht als legitimen Vertreter Südvietnams anzuerkennen. *Die Welt* verlangte am 6. November eine Fortsetzung der Terrorangriffe gegen die DRV, deren Einstellung sie eine »Kapitulation Präsident Johnsons« nannte.

Verteidigungsminister Gerhard Schröder von der CDU, ehemals Mitglied der SA, sprach sich laut *Spiegel* 4/1966 sogar

»für eine Entsendung deutscher Soldaten auf den fernöstlichen Kriegsschauplatz« aus. Der *Hessische Rundfunk* meldete danach am 22. Februar, die Bundesrepublik wolle zwei Divisionen nach Vietnam schicken. Wenn es dazu nicht kam, so war das auch auf die zunehmende westdeutsche Solidaritätsbewegung mit Vietnam und die Proteste auch auf internationaler Ebene und in den USA selbst zurückzuführen.

In verschiedenen verdeckten Formen beteiligte sich die Bundesrepublik dennoch auch personell am Krieg oder ließ solch völkerrechtswidriges Engagement zu. Es erfolgte durch die Entsendung von »technischen Spezialisten« sowie durch Soldaten und Offiziere der Bundeswehr in US-amerikanischen Uniformen. 1965 befanden sich darunter 121 Angehörige der Bundesluftwaffe, die Bombenangriffe gegen Nordvietnam flogen. Ihren Einsatz bestätigte am 23. Juli 1965 das US-Magazin *Time*. Die nach Vietnam geschickten Angehörigen der Bundesluftwaffe waren nach Beginn des Luftkrieges gegen die DRV vom Herbst 1964 bis Februar 1965 zur Spezialausbildung in den USA gewesen. Laut einem dpa-Bericht vom 2. August 1966 aus Saigon bestätigte das US-Hauptquartier in Südvietnam, dass »eine – wenn auch geringe – Anzahl deutscher Staatsbürger in den amerikanischen Einheiten in Südvietnam eingesetzt« sei. Der in Bonn erscheinende Informationsdienst *RF-World News* bestätigte am 8. Februar 1966, dass sich zu diesem Zeitpunkt rund 2.500 westdeutsche Techniker in Südvietnam befanden, darunter zahlreiche Angehörige der Bundeswehr. Der im Februar 1967 in den USA weilende Generalinspekteur der Bundesluftwaffe Steinhoff sagte einen verstärkten Einsatz westdeutscher Piloten in Vietnam zu. Darunter fiel auch die Lieferung von 40 Kampfhubschraubern der Bundesluftwaffe samt Flugpersonal.

Westdeutsche Transportschiffe brachten unter fremden Flaggen US-amerikanisches Kriegsmaterial, darunter Pershing-Raketen, nach Vietnam. Die Hamburger Reederei Transerz transportierte 1966 laut *Vorwärts* Nr. 16/1967 mit dem Frachter »Magellan« mit westdeutscher Besatzung unter liberianischer Flagge Panzer und anderes Kriegsgerät nach Südvietnam. Westdeutsche Tanker beförderten Treibstoff für die Maschinen der USAF.

Im Einsatz in Südvietnam befand sich auch das Lazarettschiff »Helgoland«. Das Internationale Rote Kreuz verweigerte ihm das Fahren unter der Rot-Kreuz-Flagge, da es die Bundesregierung ablehnte, gemäß der zweiten Genfer Konvention Hilfe für beide kriegführende Seiten leisten, es also auch nach Nordvietnam auslaufen zu lassen. Eine »Panorama«-Sendung (ARD) vom 28. Februar 1966 nannte den Einsatz der »Helgoland« die »erste Stufe einer vormilitärischen Beteiligung«. Personal des Schiffes habe mit US-Offizieren zum »Sonntagsvergnügen« an »Vietcong-Jagden« teilgenommen. Wie bereits erwähnt, sagte Erich Wulff über den völkerrechtswidrigen Einsatz der »Helgoland« am 1. Dezember 1967 vor der Tagung des Russell-Tribunals in der dänischen Stadt Roskilde aus. Auf dem Lazarettschiff sei auch die Wirkung des von den USA eingesetzten Napalm und anderer chemischer Kampfstoffe erforscht worden.

Im Juni 1969 kam die Beteiligung westdeutscher Unternehmen am Einsatz chemischer Gifte und Kampfstoffe in Südvietnam ans Licht. Es ging um den Milliardenkredit eines bundesdeutschen Bankenkonsortiums an die US-amerikanische Dow Chemical. Zu den Partnern des größten Produzenten von Napalm sowie des in Südvietnam eingesetzten chemischen Kampfstoffes »Agent Orange« und Hauptlieferanten für die US Army in Südvietnam gehörte der IG-Farben-Nachfolge-Konzern Badische Anilin- und Sodafabriken (BASF), Ludwigshafen. Er unterhielt in den USA zwei Tochtergesellschaften und war damit gleichermaßen Nutznießer des Kredits. Mit jeweils fünf Filialen waren die Farbwerke Hoechst und mit drei die Bayer AG (Leverkusen) in den USA vertreten und über sie an Aufträgen für die US-amerikanischen Truppen in Vietnam beteiligt. Die Pariser *France Nouvelle* hatte am 6. Juli 1965 berichtet, dass die Bayer AG den USA auch mehrere Patente für die Herstellung chemischer Kampfstoffe verkauft und über ihre US-Filiale Chamagro Corporation in Kansas City auch direkt Giftstoffe liefere, die vom US Chemical Corps in Vietnam angewendet würden.

An chemischen Waffen für den Einsatz in Vietnam wurde auch in der Bundesrepublik selbst gearbeitet. In den Giftlabors des Bayer-Forschungszentrums in Wuppertal-Elberfeld waren dazu die Professoren Otto Ambros und Wolfgang Wirth am Werk, die beide unter dem Hitler-Regime Todesgase entwickelt und hergestellt hatten. Ambros war Direktor der IG Farben und Chef der Abteilung chemische Kriegsführung im Rüstungsministerium Speer gewesen und als Kriegsverbrecher verurteilt worden. Wirth forschte seit 1937 zur militärischen Anwendung von Nervengasen.

Die Londoner Zeitschrift *Eastern World* berichtete in ihrer Juli/August-Ausgabe 1966: Die US-Amerikaner hätten »reges Interesse an den neuen, äußerst wirksamen Kampfgasen bekundet, die in westdeutschen Laboratorien auf der Grundlage der zur Zeit des Zweiten Weltkrieges von der IG-Farben-Industrie hergestellten Gase entwickelt werden.« Das habe zu »einer engen Zusammenarbeit zwischen amerikanischen und westdeutschen militärischen Kreisen, Laboratorien und Firmen, die auf den Gebieten der Entwicklung, der Herstellung und der Anwendung chemischer und bakteriologischer Kampfstoffe maßgebend sind«, geführt. Die Hoechst AG habe zugesagt, mehrere Sachverständige in die USA zu entsenden und den USA auch »die notwendigen Unterlagen und Angaben für die Herstellung tödlicher Gase vom Typ Zyklon B zu überlassen, das die Nazis im vergangenen Krieg in großem Maße in ihren Todeslagern verwendeten und mit dessen Anwendung für nicht weniger grausame Zwecke die Amerikaner in Südvietnam bereits begonnen haben«. Laut *Eastern World* arbeiteten westdeutsche Chemiker und Bakteriologen, darunter von den Farbwerken Hoechst AG, in Südvietnam in einer Sondereinheit der US-Armee, die ein mobiles Forschungsinstitut für bakteriologische und chemische Kriegsführung betrieb, das am »lebenden Objekt« neue Kampfstoffe testete. Von einer Beteiligung der »westdeutschen Regierung« mit »Technikern, Dokumenten und Erfahrungen bei der Produktion von Giftgasen und giftigen Chemikalien« sprach auch die Regierung der DRV im März 1966 in Hanoi in einer Erklärung ihres Außenministeriums, die *Neues Deutschland* am 20. März 1966 veröffentlichte.

Aus der Kooperation mit den USA im Bereich der chemischen und bakteriologischen Waffen zogen westdeutsche Chemiekonzerne nicht nur einträgliche Profite, sondern auch praktische Erfahrungen, die sich in weiteren Entwicklungen niederschlugen. In den chemischen Laboratorien der US-Armee Edgewood und im Forschungszentrum für bakteriologische Kriegsführung in Camp Detrick in Maryland beteiligten sich ständig Bundeswehroffiziere an der Erforschung, Entwicklung und Verbesserung weiterer Waffensysteme und der Methoden ihres Einsatzes. Damit waren nicht nur westdeutsche Unternehmen, sondern auch die Bundesregierung zumindest indirekt an schwersten Kriegsverbrechen der USA in Südvietnam, an der Ermordung und Verstümmelung Hunderttausender Vietnamesen, der Verseuchung riesiger Flächen von Wald und Reisfeldern beteiligt.

Für die Bundeswehr scheinen die in diesem Zusammenhang gewonnenen Erkenntnisse von einigem Nutzen gewesen zu sein. Nach Presseveröffentlichungen, unter anderem in der *Frankfurter Rundschau* vom 14., der *Süddeutschen Zeitung* vom 24. und der *Hildesheimer Presse* vom 28./29. Februar 1970, musste der Staatssekretär des Verteidigungsministeriums Karl Wilhelm Berkhan einräumen, dass in der Bundesrepublik chemische

Kampfstoffe produziert, die Bundeswehr über solche Gifte, u. a. das tödliche Nervengas »Tabun-Sarin Typ 7/67«, verfügte und Gaskriegsmanöver durchführte. Berkhan wörtlich, auf chemische Waffen könne die Bundeswehr »nicht verzichten«.

13. Nach der Befreiung

Das schwere Erbe des Krieges

Die USA hinterließen in Südvietnam ein unvorstellbar schweres Erbe. Den SIPRI-Jahrbüchern von 1976, 1980 und 1982, dem UNO-Kommissionsbericht 1978 und weiteren Quellen war zu entnehmen: eine Million Südvietnamesen hatten als Soldaten den Tod gefunden, 500.000 waren Kriegsversehrte. Zwei Millionen Zivilisten kamen ums Leben, zwei Millionen wurden verstümmelt. Es gab 800.000 Waisenkinder, über zehn Millionen durch Bomben oder Gewalt aus ihren Dörfern vertriebene Bauern (das war fast die Hälfte der Einwohner Südvietnams), drei Millionen Arbeitslose, 500.000 Prostituierte, davon 50.000 in Saigon, das als größtes Bordell der westlichen Welt galt; 500.000 Drogenabhängige, 25.000 Bettler und Vagabundierende, 300.000 Geschlechtskranke, eine Million TBC- und 10.000 Leprakranke, Millionen »Agent Orange«-Opfer, vier Millionen Analphabeten. Ferner gab es 400.000 Soldaten der Saigoner Armee, die kapituliert hatten, 120.000 Polizisten, zehntausende Beamte, Politiker und Angehörige reaktionärer Organisationen, Unternehmer, Kaufleute und Wucherer, die sich an der Unterdrückung des Volkes beteiligt und bereichert hatten. Daraus ergaben sich enorme Probleme, mit denen Vietnam nach dem militärischen Sieg für lange Zeit konfrontiert wurde. Eine enorme Belastung stellen bis in die Gegenwart die gesundheitlichen Probleme dar.

Die DRV hat Angaben über die Schäden und Verluste, die die USA in Nordvietnam anrichteten, nie veröffentlicht. Die bereits zu Südvietnam angeführten Quellen nennen: Bei einer Bevölkerung von 20 Millionen Menschen 500.000 Kriegstote und ebenso viele Kriegswaisen. Alle Städte wurden bombardiert, die Hälfte völlig zerstört. 2.923 Schulen, 250 Krankenhäuser, 1.500 Pflege- und Entbindungsstationen, 448 Kirchen, 495 Pagoden und Tempel zerstört. Die Industrieanlagen wurden teilweise zerstört, alle Eisenbahnlinien und Häfen beschädigt, die meisten Brücken und Bahnhöfe, 1.000 wichtige Deichabschnitte zerstört. Hunderttausende Hektar Reisfelder und andere Anbauflächen zerstört, 40.000 Wasserbüffel getötet.

Korruption, Söldnermoral, Banditentum und andere Formen der Kriminalität, die unter der US-Besatzung und dem Saigoner Regime Bestandteil des täglichen Lebens waren, wucherten zunächst weiter. Zehntausende Agenten der CIA und für das Programm »Phönix« ausgebildete Spezialisten für Mordkommandos – die meisten waren unerkannt zurückgeblieben – waren gegen die Volksmacht aktiv und organisierten sich im Untergrund. Mit der Losung »Nur die Kommunisten sind unsere Feinde« versuchten sie, schwankende und indifferente Menschen für ihre Ziele zu gewinnen. Die von der RSV und der DRV betriebene Politik der nationalen Versöhnung wirkte sich nur allmählich auf diese Schichten aus.

Die Volksmacht verzichtete generell darauf, Anhänger des Marionettenregimes zur Verantwortung zu ziehen. Die meisten Offiziere und Beamten wurden nach mehreren Monaten Aufenthalt in Umerziehungslagern wieder freigelassen; diejenigen, die Kriegsverbrechen begangen hatten, in der Regel maximal drei Jahre inhaftiert. Viele Funktionäre des alten Regimes beteiligten sich nach der Entlassung jedoch an konterrevolutionären Aktionen und wurden dafür gerichtlich zur Verantwortung gezogen. Einzelne Saigoner Truppenteile hatten sich an die kambodschanische Grenze zurückgezogen, von wo aus sie mit Unterstützung des Pol-Pot-Regimes Überfälle auf Südvietnam verübten. Erst als die vietnamesische Volksarmee im Januar 1979 in Kambodscha intervenierte, konnten auch diese Stützpunkte zerschlagen werden.

Schier unüberwindliche Schwierigkeiten existierten auf wirtschaftlichem Gebiet. Die Versorgung mit Nahrungsmitteln war zu einem beträchtlichen Teil lahmgelegt. Die Großhändler horteten ihre Waren und weigerten sich, zur Versorgung der Bevölkerung mit lebensnotwendigen Gütern beizutragen. Der Schwarzmarkt blühte. Die Versorgung musste zunächst in beträchtlichem Maß vom Norden übernommen werden.

Allgemein wurden nach der Befreiung nur wenige Großkapitalisten enteignet. Zu ihnen gehörten der »Textilkönig« La Nghia und der »Reiskönig« Ma Hi, der ein persönliches Vermögen von 300 Millionen Dollar besaß. Erst als im Handel Spekulation und Korruption um sich griffen und diese Schichten den Aufbau eines parallelen staatlichen Sektors boykottierten, erfolgten 1978 weiterreichende Verstaatlichungen, übrigens gegen Entschädigungen. Von diesen Maßnahmen war der weit verbreitete traditionelle Straßenhandel ausgenommen.

Die meisten Besitzer von Fabriken waren geflohen. Es war keineswegs beabsichtigt, sie zu enteignen, vielmehr sollten sie in den Neuaufbau einbezogen werden. Nun mussten oft wenig erfahrene FNL-Funktionäre die Leitung dieser Betriebe übernehmen. Auf den Einsatz erfahrener Wirtschaftsfunktionäre aus dem Norden wurde zunächst verzichtet, um keine »Besatzungsmentalität« aufkommen zu lassen.

Es gab auch gewisse Illusionen, die USA würden wenigstens einem Teil ihrer in den Pariser Abkommen festgelegten Verpflichtung zur Wiedergutmachung nachkommen. Von der von Nixon nach der Unterzeichnung der Pariser Abkommen zugesagten Hilfe von etwa 3.250 Millionen Dollar wurde jedoch bis heute nicht das Geringste gezahlt. Selbst die Klage vietnamesischer Opfer des »Agent Orange«-Einsatzes auf Entschädigungen wurde 2009 in letzter Instanz vom Obersten Bundesgericht der USA abgewiesen. Washington hat es auch nie für nötig gehalten, sich bei Vietnam für seinen Aggressionskrieg zu entschuldigen.

Die Wiedervereinigung

Nach der Befreiung des Südens standen die Regierungen der DRV und der RSV vor der Aufgabe, die Einheit des Landes wiederherzustellen. Ursprünglich war eine längere Übergangsphase vorgesehen, in welcher der Süden langsam an den sozialistischen Norden herangeführt werden sollte.

Walden Bello belegte in seinem 1994 in San Francisco erschienenen Buch »Dark Victory«, dass die USA nach ihrer schweren Niederlage in Indochina sich das »politische Ziel setzten, die Länder des Südens in den ökonomischen Bankrott zu treiben, als Rache dafür, dass sie in den 70er Jahren ihre Ansprüche auf Souveränität und Unabhängigkeit durch die Befreiungsbewegungen artikuliert haben.« Charakteristisch dafür war die Haltung gegenüber Vietnam, gegen das Washington sofort nach seiner Niederlage einen totalen Wirtschaftsboykott verhängte. Die USA versuchten, gestützt auf die einheimische Reaktion und das beträchtliche Heer ihrer in Südvietnam verbliebenen Agenten und Anhänger, jeden möglichen Widerstand gegen die revolutionäre Regierung und die sie unterstützenden Kräfte aus dem Norden zu organisieren. In diesem Klima gingen von dem kapitalistischen Süden starke negative Einflüsse auf den Norden aus, die auch dort zu Korruption und verschiedenen Formen von Kriminalität führten.

Unter diesen Bedingungen beschlossen die DRV und die RSV bereits im April 1976, nach der Wahl einer Nationalversammlung beide Landesteile wieder zu vereinigen. Im Juli 1976 beschloss das Parlament als Ausdruck des gemeinsamen Weges zum Sozialismus die Staatsbezeichnung Sozialistische Republik Vietnam (SRV). Das geschah unter dem Gesichtspunkt, dass angesichts der sozial-ökonomischen, aber auch politisch-moralischen Zerrüttung nur das nordvietnamesische Entwicklungsmodell dem Land eine Perspektive bieten konnte. Ein weiterer Aspekt war der unter der großen Mehrheit des Volkes vorhandene Drang zur Wiedervereinigung. Befreiung und Wiedervereinigung waren die entscheidenden Motive für den bewaffneten Kampf gegen die USA und Quelle des Sieges gewesen. Es entstand ein enormer Druck auf die Führungen, dem zu entsprechen. Dennoch ging die SRV Schritt für Schritt vor. Ein wirtschaftlicher Umgestaltungsprozess wurde erst 1978 eingeleitet. Nach der Wiedervereinigung verließen etwa 400.000 Vietnamesen in einer vom Westen angeheizten Kampagne als sogenannte »boat people« das Land – meist aus ökonomischen Gründen. Nur bei einem Teil entsprach das Verlassen des Landes einer Ablehnung des sozialistischen Systems.

Mit der Wiedervereinigung wurde der Konterrevolution im Süden die staatliche Basis entzogen. Und anders als die osteuropäischen »kommunistischen und Arbeiterparteien« hat sich die Partei Ho chi Minhs und seiner Nachfolger nach 1990/91 nicht »gewendet« oder sozialdemokratisiert. Während in Osteuropa die KPs zerfielen, stieg die Mitgliederzahl der vietnamesischen in dieser Zeit um rund 500.000 auf 2,5 Millionen.

In den wenigen Jahrzehnten seit seiner Wiedervereinigung schaffte Vietnam die ersten Schritte zum Aufbau einer Industriegesellschaft. Mit Wachstumsraten von sieben bis acht Prozent seit 2001 weist es den mit Abstand höchsten wirtschaftlichen Zuwachs in Südostasien auf. Als Ziel formulierte der 10. Kongress der KP Vietnams 2006 den Aufbau »eines unabhängigen, demokratischen, blühenden und starken Vietnams mit einer gerechten und modernen Gesellschaft, in welcher die Ausbeutung des Menschen abgeschafft« wird.

Zeittafel

1858-1884: Koloniale Eroberung Vietnams durch Frankreich

1887-1913: Bauernaufstände gegen die Kolonialherrschaft

Juni 1925: Gründung der Liga der revolutionären Jugend Vietnams, Vorläufer der Kommunistischen Partei Vietnams (KPV)

3. Feb. 1930: Gründung der KPV

12. Sep. 1930: Beginn des Bauernaufstandes in Zentralvietnam, Bildung von Sowjets

6. Feb. 1941: Bildung der Viet Minh (Vietnamesisch: Vietnam Doc Lap Dong Minh), Liga für die Unabhängigkeit Vietnams

22. Dez. 1944: Gründung der Vietnamesischen Volksarmee (VVA) / Beginn des bewaffneten Kampfes gegen die japanische Okkupation

19. Aug. 1945: Sieg der Augustrevolution

2. Sep. 1945: Ho chi Minh ruft in Hanoi die Demokratische Republik Vietnam (DRV) aus

23. Sep. 1945: Französische Truppen besetzen Saigon

6. Jan. 1946: Wahl der Nationalversammlung der DRV

2. März 1946: Wahl Ho chi Minhs zum Präsidenten der DRV

8. Nov. 1946: Verabschiedung der ersten Verfassung

23. Nov. 1946: Französische Artillerie beschießt Haiphong, 6.000 tote Zivilisten

19. Dez. 1946: Angriff der Kolonialtruppen auf Hanoi

17. Februar 1947: Ende der Verteidigung Hanois

8. März 1950: Abkommen über Militärhilfe der USA für Frankreich

11. bis 19. Feb. 1951: 2. Parteitag der KPV beschließt Widerstandskrieg bis zum vollständigen Sieg, Umbenennung in Partei der Werktätigen Vietnams (PWV)

4. Dez. 1953: Annahme des Gesetzes über die Bodenreform

7. Mai 1954: Einnahme der Festung Dien Bien Phu, Sieg der DRV im nationalen Widerstandskrieg gegen Frankreich

21. Juli 1954: Unterzeichnung der Genfer Indochina-Abkommen

10. Sep. 1955: Gründung der Vaterländischen Front Vietnams

1955: USA setzen Ngo Dinh Diem als Regierungschef Südvietnams ein

20. Dez. 1960: Gründung der Front National de Libération (FNL) Südvietnams

15. Feb. 1961: Bildung der Befreiungsarmee Südvietnams

10. Aug. 1961: Beginn des Einsatzes des Giftgases »Agent Orange« durch die USA in Südvietnam

31. Juli 1964: US-Provokation im Golf von Tonking

7. Aug. 1964: US-Kongress erteilt Präsident Johnson Vollmachten für Luftangriffe auf Nordvietnam

8. März 1965: USA greifen mit Bodentruppen in den Krieg in Südvietnam ein, Landung der ersten Einheiten im Stützpunkt Da Nang

31. Jan. 1968: Beginn der Tet-Offensive der FNL

16. März 1968: Massaker in My Lai, US-Soldaten ermorden 502 Einwohner

13. Mai 1968: Beginn der Friedensgespräche zwischen der DRV und den USA in Paris

14. Mai 1969: Präsident Nixon verkündet die »Vietnamisierung« des Krieges in Südvietnam, Beginn des Abzugs der US-Truppen

8. Juni 1969: Gründung der Republik Südvietnam, Bildung ihrer Provisorischen Revolutionären Regierung (PRR)

3. Sep. 1969: Tod Ho chi Minhs

29. März 1972: Beginn einer Großoffensive der Befreiungsstreitkräfte in Südvietnam, Präsident Nixon befiehlt Wiederaufnahme der Luftangriffe auf die DRV und die Verminung ihrer Häfen

18. bis 29. Dez. 1972: Massive Luftangriffe auf Hanoi, darunter mit B-52

27. Jan. 1973: Unterzeichnung des Abkommens über die Beendigung des Krieges und die Wiederherstellung des Friedens in Vietnam in Paris; die USA erklären den Abzug ihrer letzten Truppen aus Südvietnam, den Krieg führen von nun an die Saigoner Truppen

1973/74: Der Saigoner Präsident Thieu lehnt die Pariser Abkommen ab, wendet sich gegen den Abzug der US-Truppen und versucht, in die befreiten Gebiete vorzudringen

Jan. 1975: Nach Ablehnung der Verhandlungsangebote der RSV über die Bildung einer Koalitionsregierung durch das Saigoner Regime beginnt die letzte Offensive der Befreiungsstreitkräfte

21. Apr. 1975: Präsident Thieu tritt zurück und flieht außer Landes

30. Apr. 1975: Die Befreiungsstreitkräfte marschieren in Saigon ein, Duong van Minh, der letzte Saigoner Präsident, unterzeichnet die bedingungslose Kapitulation

25. Apr. 1976: Mit der Wahl einer gesamtvietnamesischen Nationalversammlung wird die Einheit Vietnams wiederhergestellt

3. Juli 1976: Die Nationalversammlung erklärt Vietnam zum einheitlichen sozialistischen Land und beschließt die Staatsbezeichnung Sozialistische Republik Vietnam mit der Hauptstadt Hanoi

20. Dez. 1976: Der IV. Kongress der PWV beschließt die Umbenennung in Kommunistische Partei Vietnams. Über 1.000 Delegierte vertreten 1,5 Millionen Mitglieder, die den Aufbau des Sozialismus im wiedervereinigten Vietnam beschließen.

Häufig verwendete Abkürzungen

AP	Associated Press
CIA	Central Intelligence Agency, Auslandsgeheimdienst der USA
DRV	Demokratische Republik Vietnam
Flak	Flugabwehrkanone
FNL	Front National de Libération
GI	General Infantry (einfacher US-Infanteriesoldat), ursprünglich für Galvanized Iron, später auch: Government Issue
KP	Kommunistische Partei
KPdSU	Kommunistische Partei der Sowjetunion
KPV	Kommunistische Partei Vietnams
MAAG	Militärische Unterstützungs- und Beratungsgruppe
NATO	North Atlantic Treaty Organization / Nordatlantikpakt
NLH	Neo Lao Haksat (Laotische Befreiungsfront)
PRR	Provisorische Revolutionäre Regierung (der RSV)
PWV	Partei der Werktätigen Vietnams
RSV	Republik Südvietnam
SDS	Sozialistischer Deutscher Studentenbund
SEATO	South East Asia Treaty Organization
SRV	Sozialistische Republik Vietnam
UdSSR	Union der Sozialistischen Sowjetrepubliken
USAF	United States Air Force / US Air Force
Vietcong	Vietnamesische Kommunisten
Viet Minh	Liga für den Kampf um die Unabhängigkeit
VNA	Vietnam News Agency
VR	Volksrepublik
VVA	Vietnamesische Volksarmee

Verwendete Literatur

Alsheimer, Georg W. (Pseudonym für Erich Wulff): Vietnamesische Lehrjahre. Bericht eines Arztes aus Vietnam 1961-1967. Frankfurt/M. 1972.

Bello, Walden: Dark Victory. San Francisco 1994.

Boyne, W.: B-52. A documented History. London 1981.

Brünn, Dieter (Hg.): Widerstand in der US-Armee. Berlin 2003.

Burchett, Wilfred:
- Au Nord du 17e Parallele. Hanoi 1955.
- An den Ufern des Mekong. Berlin* 1959.
- Partisanen contra Generale. Berlin* 1965.

- La seconde Guerre d'Indochine. Paris 1970.

- Vietnam un + un. Paris 1977.

Chesneaux, Jean: Geschichte Vietnams. Berlin* 1963.

Devillers, Philipp: Histoire du Vietnam. Paris 1952.

Dupont, G.: Nach dem Tonkinger Aufstand. In: »Kommunistische Internationale«, 11/1930.

Eisenhower, Dwight: Mandat for Change. New York 1965.

Engmann, Günter: Die USA-Aggression gegen Vietnam. Berlin* 1983.

Fall. Bernard B.: The two Viet-Nams. A Political and Military Analysis. London 1965.

Felcbauer, Irene u. Gerhard: Sieg in Saigon. Erinnerungen an Vietnam. Bonn 2005, 2. Aufl. 2006.

Felcbauer, Gerhard:
- Damals Vietnam, heute Irak. Wie sich die Bilder gleichen. Hannover 2005.
- Die nationale Befreiungsrevolution Vietnams. Zum Entstehen ihrer wesentlichen Bedingungen von 1925 bis 1945. Bonn 2007.

Gallasch, Börries: Ho-Tschi-Minh-Stadt. Hamburg 1975.

Giesenfeld, Günter: Land der Reisfelder, Köln 1988.

Greiner, Bernd: Krieg ohne Fronten. Die USA in Vietnam. Hamburg 2007.

Heynowski & Scheumann:
- Filmen in Vietnam. Berlin* 1976.
- Briefe an die Exzellenz. Berlin* 1979.
- Die Kugelweste. Berlin* 1980.
- Phoenix. Inside CIA. Berlin* 1987.

Hoang hai Van / Tan Tu:
- Die vielen Gesichter Vietnams. Hanoi 2003 (Vietn.).
- Pham xuan An. Kundschafter für die Befreiung Vietnams. Schkeuditz 2005.

Ho chi Minh:
- Ausgewählte Reden und Aufsätze. Berlin* 1961.
- Revolution und nationaler Befreiungskampf. Ausgewählte Reden und Schriften. Hg. Bernard B. Fall. München 1968.
- Reden und Aufsätze. Leipzig 1980.

Horlemann, Jürgen / Gäng, Peter: Vietnam, Genesis eines Konflikts. Frankfurt/M. 1966.

Kapfenberger, Hellmut: Ho Chi Minh. Eine Chronik. Berlin 2009.

Lacouture, Jean: Le Vietnam entre deux Paix. Paris 1965.

Le Duan: Ausgewählte Reden und Schriften. Berlin* 1977.

Le Quang, Gerard: Giap. General der Revolution. Wiesbaden 1973.

Lulei, Wilfried: Die nationalen Befreiungsorganisationen in Vietnam. Berlin* 1979.

Lüneberg, Dörte: Opfer in der dritten Generation. ND, 9. Januar 2013.

Neale, Jonathan: Der amerikanische Krieg. Vietnam 1960-1975. Bremen / Köln 2004.

Nespoli, Gian Luigi / Zambon, Giuseppe: Abels Gesichter – Vietnam. Bilder eines Krieges. Frankfurt/M. 1999.

Le thanh Koi: Le Vietnam. Histoire et Civilisation. Paris 1955.

Reichel, Hubert: In Vietnam und Kampuchea. Essen 1979.

Rennhack, Horst: BRD-Imperialismus. Komplize der USA-Aggression in Indochina. Berlin* 1973.

Russell, Bertrand / Sartre, Jean-Paul:
   - Das Vietnam-Tribunal oder Amerika vor Gericht. Hamburg 1968.
   - Das Vietnam-Tribunal oder Die Verurteilung Amerikas. Hamburg 1969.

Sack, John: Ich war gern in Vietnam. Leutnant Calley berichtet. Frankfurt/M. 1972.

Shehan, Neil (Hg.): Die Pentagon-Papiere. Die Geheime Geschichte des Vietnamkrieges. München / Zürich 1971.

Steinhaus, Kurt: Vietnam. Zum Problem der kolonialen Revolution und Konterrevolution. Frankfurt/M. 1967.

Thürk, Harry:
   - Straße zur Hölle. Berlin* 1975.
   - Dien Bien Phu. Berlin* 1982.
   - Saigon. Berlin* 1985.

Tran van Giau: Die vietnamesische Arbeiterklasse seit der Gründung der Kommunistischen Partei bis zur siegreichen Revolution, Bd. I. Hanoi 1962 (Vietn.).

Truong Chinh: La Révolution d'Aout. Hanoi 1962.

Vo nguyen Giap: Dien Bien Phu. Hanoi 1962.

Weidemann, Diethelm / Wünsche, Renate: Vietnam 1945-1970. Der nationale und soziale Befreiungskampf des vietnamesischen Volkes. Berlin* 1971.

Werkmeister, Frank: Die Protestbewegung gegen den Vietnamkrieg in der Bundesrepublik Deutschland 1965-1973 (Diss.). Marburg 1975.

Wulff, Erich *siehe Alsheimer Georg W.*

Dokumente / Medien

Le Monde et les »Incidents du Golf du Tongking«. Hanoi 1964.

Die nationalen Minderheiten in Vietnam, Hanoi 1970.

Un Siècle des Luttes nationales. In: Études vietnamiennes. Hanoi, Heft 24/1970.

Nos Traditions militaire. Hanoi 1978.

Vietnam Kurier, Hg. Freundschaftsgesellschaft Vietnam, laufende Ausgaben.

                                                      (*= Berlin/DDR)

Personenregister

In der Schreibweise vietnamesischer Namen wird der landesüblichen Gepflogenheit gefolgt, in der bei drei Namen der mittlere klein geschrieben wird: Ho chi Minh. Bei zwei Namen beide groß: Tran Phu.